U0041580

京都公車
小旅行

要悠閒・要緊湊，
自由調配最愜意

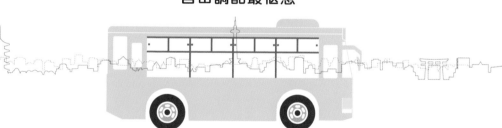

www.mook.com.tw

京都公車小旅行 / 目錄

本書所提供的各項可能變動性資訊，如交通、時間、價格(含票價)、地址、電話、網址，係以2023年07月前所收集的為準；特別提醒的是，COVID-19疫情期間這類資訊的變動幅度較大，正確內容請以當地即時標示的資訊為主。如果你在旅行中發現資訊已更動，或是有任何內文或地圖需要修正的地方，歡迎隨時指正和批評。你可以透過下列方式告訴我們：

寫信：台北市104中山區民生東路二段141號9樓MOOK編輯部收
傳真：02-25007796
E-mail：mook_service@hmg.com.tw
FB粉絲團：「MOOK墨刻出版」www.facebook.com/travelmook

這樣的你
適合公車旅行

不懂日文，也可以在京都搭公車旅行嗎？當然可以。
在國外搭公車，感覺比搭地鐵還難上一百倍！
最令人擔心的便是語言不通、不知何時該下車等問題。
其實多數站牌名稱都有「漢字」，只要事先確認好目的地站牌名稱，
公車上都有顯示即將停靠站可以確認。
克服了內心對未知的恐懼，若再俱備以下的要點，
準備好了，每一個人都可以來一趟輕鬆愜意的公車旅行。

體力不錯

搭公車通常都可以在景點近處下車，但有時若要串聯周邊行程，搭配走路會比再搭另一班公車更方便且實際。總之，玩京都要走很多路，需要有足夠體力。

喜歡欣賞路上風景

一般的觀光行程很難深入京都的生活，但搭公車一路欣賞車窗風景，往往可以看到真實的生活風景，如果突然發現了什麼有趣的，立刻就能下車。

方向感不算差

京都的街道如格盤犬規劃，每條路都整整齊齊地東南西北交錯，其實真的不難懂，基本上只要在現場搞得情楚東西南北，也記得日本是在駕就K。

較鬆的行程

因為路況不一，搭公車旅行花費的時間一定比搭地鐵來得多，如果想要享受慢活、旅行樂趣，一開始在規劃行程時就別排得太慢，預留點交通時間才是上策。

熱愛冒險的心

搭公車雖不危險，但相對的未知性比較高，如果不小心上錯車、坐錯方向、遇到突發狀況，就當作是旅程中的小冒險，回憶起來更有趣呢！

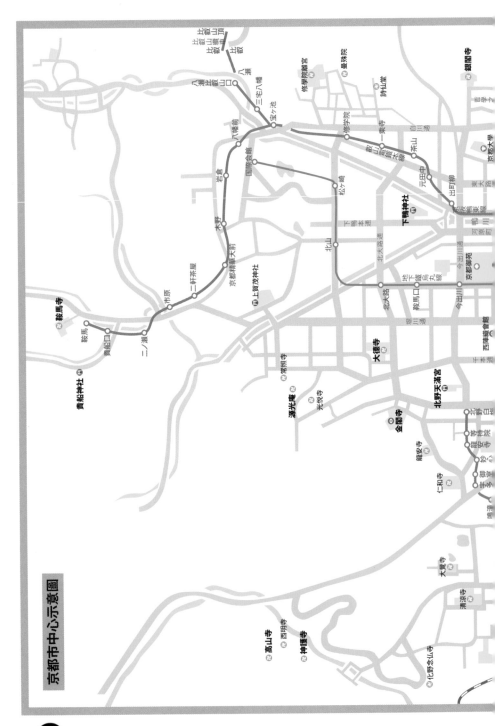

京都市中心示意圖

比叡山頂
比叡山纜車頂
比叡
比叡山口
八瀬比叡山口
三宅八幡
寶ヶ池
八幡前
岩倉
國際會館
木野
京都精華大前
上賀茂神社
二軒茶屋
市原
二ノ瀨
貴船口
鞍馬
鞍馬寺
貴船神社
修學院離宮
曼殊院
詩仙堂
修學院
一乗寺
茶山
銀閣寺
吾亦
京都大學
元田中
出町柳
叡山電鐵本線
叡山電鐵本線
松ヶ崎
北山
下鴨神社
下鴨本通
北大路通
北大路
京都御苑
今出川
今出川通
地下鐵烏丸線
出町柳
河原町
堀川通
鞍馬口
西陣織會館
大德寺
北野天滿宮
北野白梅
金閣寺
常照寺
源光庵
光悦寺
龍安寺
妙心寺
等持院
仁和寺
雙ヶ岡
多寶塔
嵯峨
大覺寺
清涼寺
化野念仏寺
高山寺
西明寺
神護寺

004

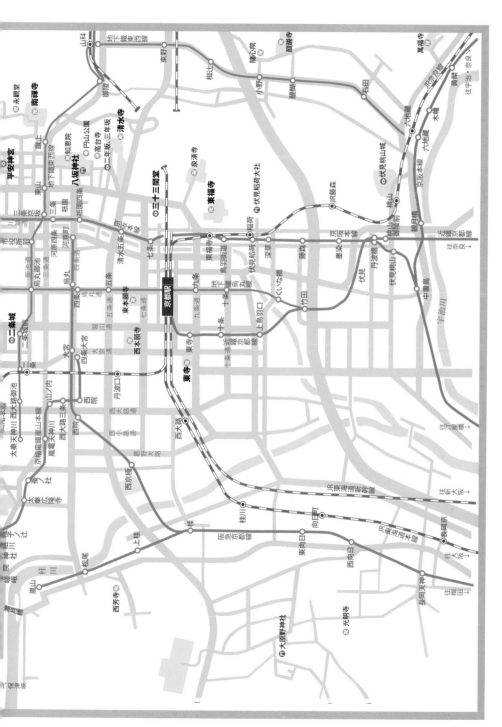

京都ぶらり旅はバスに乗っていざ出発♪

今天的京都旅行,就從搭上公車開始♪

聰明旅行的好伙伴！

在 京都搭巴士旅行，一天下來交通費用十分可觀，這時不妨買張一日券，配合使用範圍來安排行程。除了京都市交通局的票券之外，另外像是嵐電、叡電、京阪電車等也有發行許多票券，搭配著使用讓你玩得更省、更遠、更深入。

京都市地下鐵·巴士一日乘車券
地下鉄·バス一日券

¥1100 一天內（非24小時）可以在限定區間內無限次搭乘各大巴士與京都地下鐵，是在京都觀光最划算也最方便的交通票券！

售價

大人¥1100，兒童¥550

搭乘範圍

- ●京都市巴士全線
- ●京都市營地下鐵全線
- ●京都巴士：大原·岩倉村松·岩倉實相院·市原·大覚寺·清滝·苔寺範圍內。
- ●京阪巴士：山科·醍醐區域，及京都市中心部之路線。
- ●西日本JR巴士：京都駅～栂ノ尾間的均一區間。

這樣的你，適合用此票券

如果你了解京都地下鐵與公車的交通特性，並不是只要玩市中心的大景點，能有效率地串聯安排一日行程的話，推薦使用這張票券。

在京都觀光總合案內所或BUS TICKET CENTER內都可以拿到市巴士觀光地圖，裡頭有詳細的巴士路線圖，可以快速查詢連結各大景點的巴士車班、主要觀光地的巴士站牌位置等，相當方便。

京都市巴士	京都巴士
○	○*
市營地下鐵	**京阪巴士**
○	○*
西日本JR巴士	**阪急電車**
○*	×
JR	**京阪電車**
×	×

註：*超出範圍需補差價

哪裡可以買

- **BUS TICKET CENTER**：位在京都車站中央口巴士總站旁
- **コトチカ京都**：位在地下鐵京都車站中央1改札口旁
- **地下鐵各大站窗口**
- **市巴士、京都巴士、京阪巴士營業所**

專屬折扣優惠

使用期限內出示票券，可享約60個景點的門票優惠、飲食折抵、小禮物等，詳細內容請洽官網。

> 不只景點門票有優惠，購物、美食、活動等都有折扣，行前一定要上網比對，好好使用折扣優惠！

使用方法

1.上公車時：
- 若沒有機器（均一系統車）就直接上車。
- 若有需刷卡的機器或整理券（調整系統車）請刷一日乘車券或拿整理券。

2.下公車時：
- 若是直接上車，下車時需在第一次乘車時刷卡印上日期，之後僅需出示一日乘車券上的日期給司機看即可。
- 若上車時有刷卡或拿整理券，下車時需再次刷卡、或將整理券拿給司機，並出示一日乘車券上的日期。

3.搭地下鐵時：
- 進出站時預必使用自動改札口，無法使用人工通道。
- 期限內可無限次進出地下鐵車站

> **2023年9月停止販售**：市巴士一日乘車券原本有一張可以在一天內限定區間無限次搭乘市巴士的一日券，只賣700日幣！但2023年9月起停止販售，這之前購入的車票也只能使用到2024年3月31日為止。

貴船神社

平安神宮

南禪寺

四条河原町

一日行程範例

08:30 Start 京都駅
地下鐵烏丸線至国際会館駅，轉乘52巴士至貴船口

09:30 貴船神社
步行：經由木之根道

11:00 鞍馬寺
搭乘京都巴士32系統巴士至高野橋西詰下車途步10分

13:00 一乘寺
一乗寺下り松站搭乘5號巴士至岡崎公園站下

15:30 平安神宮
步行10分

16:30 南禪寺
至蹴上駅搭乘地鐵東西線至三条駅

17:30 三条商店街
步行

19:00 四条河原町、祇園一帶
搭乘市巴士4、17、205至京都駅前站下

21:00 Goal 京都駅

不只公車
在京都觀光還有這些優惠券

鞍馬貴船日歸券
バス＆えいでん鞍馬貴船日帰りきっぷ

售價	使用範圍

¥2000(無兒童票)

購買地點

叡電出町柳駅，京都市巴士、地下鐵案內所等

京阪電車東福寺駅～出町柳駅、叡山電車全線、京都市巴士全線、京都巴士往大原、巖倉、鞍馬溫泉、貴船等路線。

> 當日憑票券可享沿線景點門票優惠。

地下鐵·嵐電一日券
京都地下鉄·嵐電1dayチケット

售價	購買地點

¥1300(無兒童票)

使用範圍

當天京都市營地下鐵、嵐電(京福電車)全線無限次搭乘。

京都市巴士、地下案內所，地下鐵各口、嵐電嵐山、四大宮、帷子ノ辻、北白梅町等站

> 當天憑卡享東映太秦映画村門票優惠

地下鐵一日券
地下鉄一日券

售價	購買地點

¥800，兒童¥400

使用範圍

當天京都市營地下鐵全線無限次搭乘

京都市巴士、地下案內所，地下鐵售機

> 當天憑卡還有12家設施門票優惠，但兒童券能優待的只有其中8處，詳洽官網或票券背面。

巴士共通回數票
バス共通回数券

售價

1000(¥230*4+¥180*1，價值¥1100)，
5000(¥230*24，價值¥5520)

購買地點

都市巴士、地下鐵案
所，京都車站前BUS
CKET CENTER、
期券販賣所

可搭配現金使用，比
如車資為¥240時，可
用一張230的回數券
+10元硬幣付。

使用範圍

京都市巴士、京
都巴士、京阪巴
士、西日本JR巴
士、京阪京都巴士、
YASAKA巴士、京
北FURUSATO巴士
等，在京都市範圍內
的巴士皆可使用。

嵐電‧嵯峨野一日券
嵐電‧嵯峨野フリー切符

售價

700，兒童¥350

使用範圍

嵐電(京福電車)全
、京都巴士嵐山方
系統全線，可在
覺寺、西芳寺、
蟲寺的區間內
由上下車。

購買地點

嵐山、四條大宮、帷
子ノ辻、北野白梅町
等站，京都巴士嵐
山營業所、京都車
站前BUS TICKET
CENTER

當日憑票券，可享嵐電
沿線各大寺社拜觀優
惠或是小贈品

京阪電車 京都觀光一日券
京阪電車 京都1日観光チケット

售價

預約¥800，兒童
¥100。當日券¥1000，
兒童¥500

日憑票券可享沿線景點
門票優惠。憑此票券乘
坐指定席需補差價。

購買地點

線上預約，石清水八
幡宮、中書島、丹波
橋、祇園四條、三條、
出町柳、宇治各站出
示憑證換取車票。

使用範圍

自由區間：京阪電車
石清水八幡宮～出町
柳、男山ケーブル、宇
治線。

關西周遊卡
KANSAI THRU PASS

售價

海外購買2日券
¥4380，兒童2190。3
日券¥5400，兒童2700
日本購買2日券
¥4480，兒童2240。3日券¥5600，兒童2800

持觀光簽證入境日本
的外國旅客才能購
買，購買需出示護照。

購買地點

台灣各大旅行社、
關西機場KAA旅行
服務台、梅田、難波、
天王寺與新大阪等地
的遊客指南中心購
買。

使用範圍

京都、大阪、神戶、
比叡山、姬路、和歌
山、奈良、高野山的
私鐵電車、地鐵與巴
士(有一定範圍)，範圍
幾乎涵蓋了整個關西
地區。

京都公車快速指南

京都，是十分適合以公車作為主要交通工具的日本城市。以京都車站和四条河原町為中心，公車的路線四通八達，可以前往清水寺、哲學之道、金閣寺等所有想像得到的知名景點，還可以向外延伸，到近郊來趟日歸小旅行。想搭公車制霸京都，該注意什麼呢？讓我們一步一步看下去～～

Point 1　認識公車

在京都市區常見到的公車有哪幾種？
有哪些路線？

市巴士
市バス

　綠色的市巴士由京都市交通局所營運，班次多、範圍廣，基本上在京都市中心一定都能看到它的身影，也是京都公車旅行中使用機率最高的公車。市巴士又依行駛路線，分成以下幾種：

循環系統

- 只在￥230均一區間內環狀行駛的巴士路線
- 車牌以橘底白色數字表示
- 只停大站的快車班次會在車牌上有「快速 Rapid」標示

循環系統巴士分為順時針和逆時針方向行駛，搭錯方向一樣會到，只是會花更多時間。

均一系統

- 只在¥230均一區間內從A點往B點行駛的直行路線
- 車牌以藍底白色數字表示

> 這類型公車有時並非雙邊設站,不同方向的停留站牌會略有不同。

多區間系統

- 由市區開往市郊的路線
- 票價會因乘車距離而改變,上車時需記得刷卡感應或是拿取整理券。
- 車牌以白底黑色數字表示

> 多區間系統行駛路線會超過一日券區間,若持一日券乘車超出範圍需補差價。

深夜抵達京都,歡迎搭乘深夜巴士

- ★接駁末班火車與京都市區的深夜巴士,僅在平日及週六運行。
- ★車牌上有「MN」字樣,車票為¥460。
- ★MN17經四条河原町往出町柳方向,24:00於京都車站發車。
- ★MN205經西大路四条往烏丸北大路,24:00於京都車站發車。
- ★MN特西3經東新林町往境谷大橋,24:00於桂駅西口發車。

> 連接祇園、河原町與京都車站的夜間巴士,適合在鬧區玩到晚上、想回京都車站的旅客搭乘

夜間巴士

- 車牌有月亮圖案與「よるバス」字樣,車票為¥230。
- 祇園－京都車站 20:00~21:30,約10分一班。
- 河原町－京都車站 22:00~23:30,約10分一班。

京都巴士
京都バス

　米色車身搭配暗紅線條的京都巴士，主要由市區的京都駅、三条京阪前、国際会館駅和出町柳駅往嵐山、大原、比叡山、鞍馬貴船等較遠的景點。在￥230區間內可以憑「市巴士、京都巴士一日乘車券」搭乘，若超過區間則需補車票差額。

使用一日券可以搭乘京都巴士前往嵐山，不需另補差價！

京阪巴士
京阪バス

　白色車身上有大紅色條紋、車身側有「KEIHAN BUS」字樣。京阪巴士主要連接京都市和山科、醍醐、比叡等區域，搭乘機率較高的是連接四条河原町和青龍殿的70、由京都車站往比叡山的56、57，以及在櫻花與紅葉期間加開、由京都車站往醍醐寺的山科急行線。

在京阪電車沿線的區域，與京都府南部都是京阪巴士的天下。

京阪京都巴士在每年推出的「園部・美山周遊巴士」是前往美山遊玩最簡單的交通工具。

京阪京都巴士
京阪京都バス

和京阪巴士一樣為白色車身、大紅色條紋，唯一差別是車頭多了京都巴士的六角星標誌。京阪京都巴士主要運行於桂、龜岡和南丹區域，每年春夏秋各季都會推出JR園部駅與美山區域的觀光巴士。

西日本JR巴士
西日本JRバス

白色車身，藍色線條，是由京都前往大阪、東京、石川甚至廣島等超長距離的高速巴士。另外西日本JR巴士的「高雄、京北線」，連接京都車站和近郊的高雄、周山地區，相當適合從京都出發的一日小行程。

除了長程巴士之外，西日本JR巴士專跑高雄、周山的路線，如果想前往龍安寺等地也能搭這台。

看懂公車站牌

了解公車種類後，再來看看公車站牌吧！公車站牌都會標出車種、路線停靠標示和時刻表，大部分車站也會有即將到站的通知。我們先來講解京都交通大魔王：京都駅前公車站！

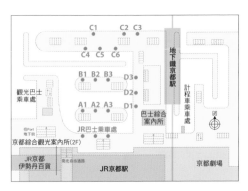

A3

- 6：四条大宮・佛教大学・源光庵
- 206：四条大宮・建勳神社・大徳寺

B1

- 9：西本願寺・二条城・晴明神社・上賀茂神社

B2

- 50：二条城・北野天満宮・立命館大学

京都駅前 公車站

A1

- 5、5（五条通經由）：平安神宮・南禅寺・永観堂・銀閣寺・詩仙堂

A2

- 4、4（松ケ崎經由）：四条河原町・出町柳・下鴨神社・深泥地
- 17：四条河原町・出町柳・銀閣寺
- 205：四条河原町・下鴨神社・北大路BT

B3

- 86、88：水族館・梅小路公園・京都鉄道博物館
- 205：水族館・梅小路公園・北野白梅町・金閣寺・大徳寺
- 208：水族館・梅小路公園

C1

● **205**：東寺道・九条車庫

C2

● **丹後海陸交通 京都線**：天橋立・峰山・間人

C3

● **京都巴士17**：大原

C4

● **16**：東寺西門・羅城門・市民防災センター
● **19**：東寺南門・市民防災センター・城南宮
● **42**：東寺東門・市民防災センター・中久世
● **78**：東寺南門・久世工業団地
● **81**：西大手筋・中書島
● **南5**：伏見稲荷大社・竹田駅東口・中書島

D1

● **休止中**

C5

● **33、特33**：桂離宮・阪急桂駅・洛西BT
● **73**：西京極運動公園・洛西BT
● **75**：西本願寺・太秦映画村

D2

● **86**：三十三間堂・清水寺・祇園
● **88、208**：三十三間堂・泉涌寺・東福寺
● **206**：三十三間堂・清水寺・祇園・百万遍

C6

● **28**：松尾大社・嵐山・大覚寺
● **京都巴士 72 73 75 76**：嵐山

D3

● **26**：壬生寺・妙心寺・仁和寺

JR3

● **JR西日本 高雄京北線**：立命館大学・山城高雄・栂ノ尾・周山

哪家巴士
的站牌？

京都巴士
站牌

較大的巴士站，可能
有多種巴士共用

各種市巴士
的站牌

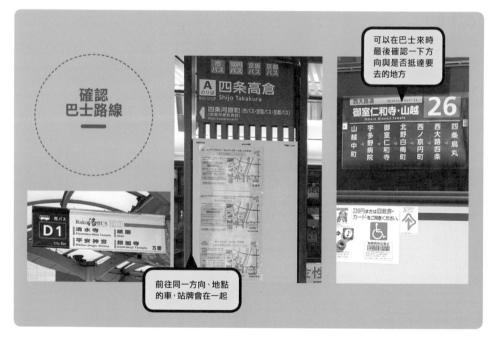

確認
巴士路線

可以在巴士來時
最後確認一下方
向與是否抵達要
去的地方

前往同一方向、地點
的車，站牌會在一起

看懂站牌
與時刻表
—

巴士種類

站牌名稱

停靠班次

主要停靠地點

時刻表

乗車注意事項

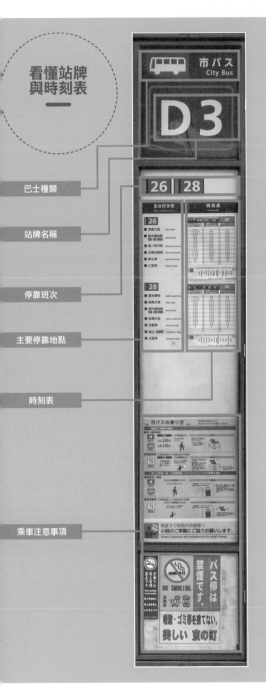

往哪裡

班次

重要停靠站：搭車前
可以再次確認該班車
是否能抵達目的地。

同點來回注意末班時間

平日、週六與
假日的到站時間

巴士即將到站的可
愛通知

站牌的位置

如果手邊沒有地圖或網路，先往主要道路和大路口移動，多半都能在找到巴士站牌。主要轉乘點路口附近也能找到巴士站牌位置的地圖。

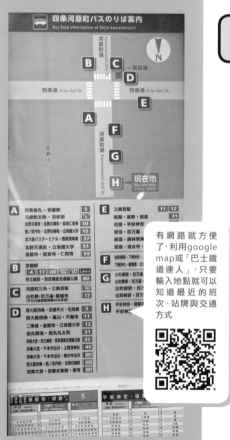

有網路就方便了，利用google map或「巴士鐵道達人」，只要輸入地點就可以知道最近的班次、站牌與交通方式

公車主要轉乘點

在比較大的交通交會點，會有不止一個巴士站，例如京都車站、四条河原町等。

京都車站烏丸口前，有許多巴士路線停靠

京都車站的電子巴士站牌資訊版。有前往主要景點的巴士班次、各站牌的停靠班次和到站時間

準備搭公車囉！

確認好站牌、行進方向、目的地後，等公車來了就能上車啦！基本上京都的公車皆是由後門上車，到站前按鈴，前門付費下車，並不難懂。

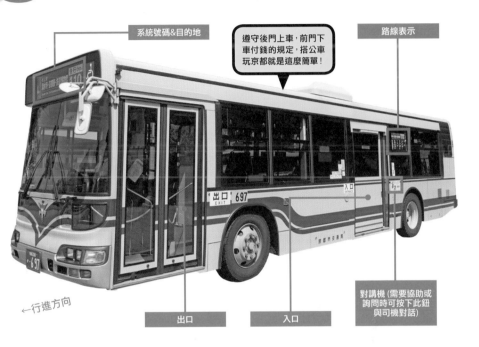

系統號碼&目的地

遵守後門上車，前門下車付錢的規定，搭公車玩京都就是這麼簡單！

路線表示

出口 EXIT 697

入口

對講機 (需要協助或詢問時可按下此鈕與司機對話)

←行進方向

出口

入口

貼心小提醒

★ 上車前看到整理券機器，一定要記得抽取，否則可能會被從起站開始算錢。

★ 按了下車鈴後，要等車完全停妥後再起身至前門付費下車。

★ 若是手邊剛好沒有零錢，司機身旁的兩替機器可供500硬幣、1000紙鈔兌換零錢。但2000、5000、10000紙鈔則無法兌換。

★ 均一區間票價￥230，兒童￥120。100円循環巴士不論大人小孩均為￥100。

★ 若持一日券超出了￥230均一區間，需要以現金付差額。此時無法使用儲值IC卡付款(因為上車時沒有嗶卡)。

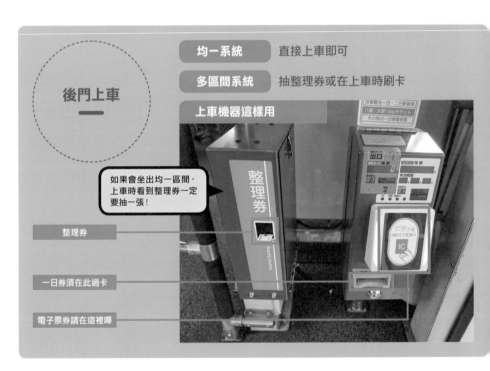

後門上車

均一系統	直接上車即可
多區間系統	抽整理券或在上車時刷卡

上車機器這樣用

如果會坐出均一區間，上車時看到整理券一定要抽一張！

整理券

一日券須在此過卡

電子票券請在這裡嗶

確認到站與按鈴

——

前方螢幕會顯示下一站，下車前請按鈴，等車停妥再起身下車。多區間系統的車輛上方會顯示票價，可以對照整理券的數字確定應付金額，若從起站坐有時會沒有整理券，應付票價為第一格「券なし」。

前門付費下車

——

均一系統

- ¥230，直接付現金或刷卡即可。
- 市巴士·京都巴士一日乘車券第一次過卡後僅需出示日期。

多區間系統

- 依前方看板的金額付款
- 各種IC磁卡直接刷卡
- 市巴士·京都巴士一日乘車券刷卡或出示整理券，視需要補差額

車上只提供500硬幣、1000紙鈔的零錢兌換，大鈔無法使用！要注意！

下車機器這樣用

市巴士·京都巴士一日乘車券、京都觀光一日 二日乘車券刷卡處

IC卡刷卡處

投錢

在投入車資前可以先用這臺機器換零錢！投入硬幣或紙鈔、換成零錢後再依金額付款

公車上保佑交通安全的晴明神社護符

想玩得更精，就搭配地鐵、私鐵吧！

公車運行的地點、路線比鐵路來得多，但在市中心容易塞車，也可能因為繞路而導致花上更多時間，此外有些郊區利用鐵路仍比較方便。本單元的京都鐵道路線圖，可以看出京都市內的鐵路分布，也有鄰近景點與轉乘的觀光說明，想要玩得更有效率，就一定要先搞懂！

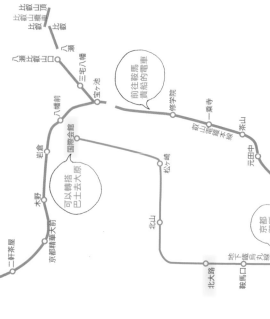

比叡山頂／比叡／比叡山／八瀬比叡山口／八瀬／三宅八幡／宝ヶ池／八幡前／前往鞍馬、貴船的電車／修学院／一乗寺／茶山／元田中／出町柳／叡山電鐵本線／松ヶ崎／北山／国際会館／可以轉搭巴士去大原／京都精華大前／二軒茶屋／市原／二ノ瀬／貴船口／鞍馬／木野／岩倉／鞍馬口／京都御所／北山／北大路／地下鐵烏丸線／丸太町／今出川

臨近北野天滿宮／北野白梅町／妙心寺／等持院／龍安寺／御室仁和寺／宇多野／多條鐵路連接與市區

以下景點，直接搭鐵路比公車更省時

★宇治：❶從京都駅搭乘JR奈良線，約20分即達JR宇治駅，￥240。❷從祇園四条搭乘京阪本線到中書島轉乘京阪宇治線，約34分即達京阪宇治駅，￥310。

★嵐山：❶從京都駅搭乘JR嵯峨野線的快速列車，約12分即達JR嵯峨嵐山駅，￥240。❷從四条大宮駅搭乘嵐電至嵐山駅，約24分即達，￥220。❸從河原町駅搭乘京阪本線至京都河原町駅線至桂駅轉乘阪急嵐山線，約25分即達阪急嵐山駅，￥220。

★伏見稻荷：❶從祇園四条搭乘京阪本線，約6分即達伏見稻荷駅，￥210。❷從京都駅搭乘JR奈良線，約6分即達稻荷駅，￥140。

★貴船、鞍馬：從出町柳駅搭乘叡山電鐵乘鞍馬線，約30分即達貴船口駅、鞍馬駅，￥420。

★二条城：從京都駅搭乘JR嵯峨野線，約5分即達JR二条駅，￥190。

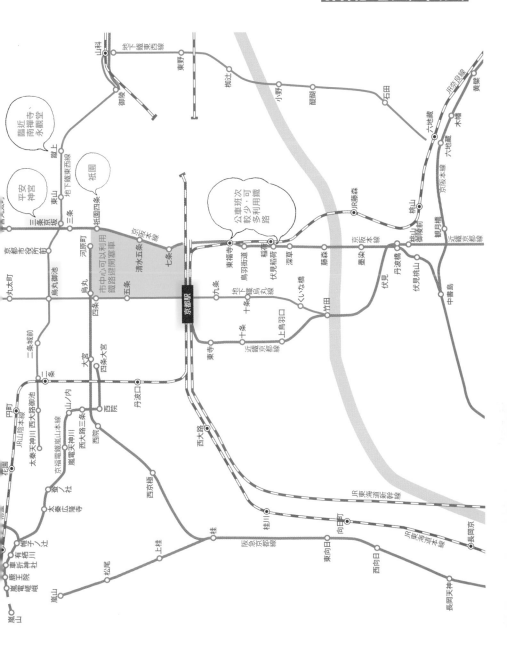

各景點交通快查表

Point 5

從京都車站搭公車難不到，但結束第一個景點，要到第二個景點時，就有點頭大了。不用擔心！這裡列出京都市區內各大景點之間的交通方式，就算臨時更改行程，也只要比照一下就能馬上得到交通解答，不再心慌慌～

現在地	目的地 / 站牌名稱	京都車站 / 京都駅	四条河原 / 四条河原町	三条京阪 / 三条京阪(前)	清水寺 / 清水道、五条坂	八坂神社、祇園 / 祇園	平安神宮 / 岡崎公園美術館、平安神宮前、岡崎公園動物園前	南禪寺、永觀堂 / 南禪寺永觀道、南禪寺水紀念館
京都車站	京都駅		🚌4、5、17、205/10~18分	🚌5/18~23分	🚌206/13~17分	🚌206/18~21分	🚌5/26~32分	🚌5/31~36分 🚋地鐵烏丸轉東西線至上/13分
四条河原	四条河原町	🚌4、5、17、205/10~18分		🚌5、10、11、12、15、37、51、59/5~9分 🚶11分	🚌207/9~11分 🚶30分	🚌31、46、201、203、207/5分 🚶10分	🚌5、32、46/10~16分	🚌5/17分
三条京阪	三条京阪(前)	🚌5/18~23分	🚌5、11/5~9分 🚶11分		🚌202、206/8~12分	🚌12、86/7分 🚶11分	🚌5/6~8分	🚌5/10~12分
清水寺	清水道、五条坂	🚌206/13~17分	🚌80、207/9~11分 🚶30分	🚌202、206(東山三条下)/8~12分		🚌80、202、206、207/4~7分 🚶20分	🚌202、206(東山二条岡崎公園口下)/10~14分	🚌(至祇園搭203(東天王下)/12分
八坂神社、祇園	祇園	🚌206/18~21分	🚌12、31、46、80、201、203、207/5分 🚶10分	🚌(自四条京阪前)10、11、12、15、37、59/3~5分 🚶11分	🚌202、206、207/4~7分 🚶20分		🚌46/8~11分	🚌203(東天王下)/10~12分
平安神宮	岡崎公園美術館、平安神宮前、岡崎公園動物園前	🚌5/25~30分	🚌5、32、46/11~13分	🚌5/6分	🚌(東山二条、岡崎公園口搭)202、206/10~16分	🚌46/6~8分		🚌5/4~7分

🚌=巴士　🚋=電車　🚶=步行

本表列出的巴士均在一日券區間內。

在其他交通方式（地鐵或JR等）明顯較方便時會一併列出。

銀閣寺	龍安寺	金閣寺	北野天滿宮	嵐山	京都御所	二条城	西陣
銀閣寺道、銀閣寺前	龍安寺前	金閣寺道、金閣寺前	北野天滿宮前	嵐山、嵐山天龍寺前	烏丸丸太町~烏丸今出川	二条城前	堀川今出川、一条戻橋
5、17/37~44分	50(立命館大學前下)/40分+步行11分	205/38~42分	50/30~34分	28、京72、京73/45~50分／JR至嵐山/16分	4、17、205(府立醫大病院前下)/19~24分／地鐵烏丸線至丸太町或今出川/8~10分	9、50/16~19分／地鐵烏丸線轉東西線至二条城前/8分	9/25~27分
5、17、32、103/21~27分	59/49分	12、59、205/37~44分	10、51、203/32~38分	11、京63、京64/43~50分／阪急京都本線轉嵐山線至嵐山/15分	10、59/19~24分	12/15分	12、51、201/24~30分
5/17分	59/41分	12、59/32~36分	10、51/28~33分	11、京63、京64/41~49分／地下鐵東西線轉嵐電嵐山本線至嵐山/24分	10、51、59/14~20分	12/27分／地鐵東西線至二条城前/6分	59/20分
(至祇園搭)203/50分	202(河原丸太町轉)59/45~59分	至祇園轉12/45~50分	206(百萬遍轉)、203/34~39分	206(烏丸七条轉)京73/55分	202/15~21分	206/39分	至祇園轉12、201/29~34分
203/19~22分	(四条京阪搭)59/47分	12/42分	203/37分	至四条河原轉11、京63、京64/48~55分／至四条河原町搭阪急京都本線轉嵐山線至嵐山/20分	202/12~15分	12/20分	12、201/25~29分
5、32、203/10~13分	(岡崎道搭)93、204(河原町丸太町轉)59/39~45分	(岡崎道搭)204/30~32分	(岡崎道搭)203/36分	(岡崎道搭)93/40~46分	(岡崎道搭)93、204(東山二条、山二条、岡崎公園口搭)202/6~10分	(東山二条搭)93、204(堀川丸太町下)/12~14分	201/17~19分

目的地 / 現在地 站牌名稱	京都車站 京都駅	四条河原 四条河原町	三条京阪 三条京阪（前）	清水寺 清水道、五条坂	八坂神社、祇園 祇園	平安神宮 岡崎公園美術館、平安神宮前、岡崎公園動物園前	南禪寺、永觀堂 南禪寺永觀道、南禪寺水紀念館
南禪寺、永觀堂 / 南禪寺永觀堂道、南禪寺疏水紀念館	(巴)5/27~35分 (電)地鐵東西線轉烏丸線至京都/13分	(巴)5/16分	(電)5/11分 (電)地鐵東西線至三条京阪/3分	(巴)5(東山三条轉)206/15~20分	(巴)203/12~14分	(巴)5、岡崎循環巴士/5~6分	
銀閣寺 / 銀閣寺道、銀閣寺前	(巴)5、17/37~41分	(巴)5、17、32、203/19~24分	(巴)5/14分	(巴)203(祇園下)/14~18分	(巴)203/14~18分	(巴)5、32/8~11分	(巴)5/6~8分
龍安寺 / 龍安寺前	(巴)59(金閣寺道轉)/40分	(巴)59/39分	(巴)59/36分(河原町三条下)	(巴)(四条河原町轉)207/50分	(巴)59(四条京阪前下)/44分	(巴)59(千本今出川轉)201/45分	(巴)59(河原町轉)94、203 38~42分
金閣寺 / 金閣寺道	(巴)205/31~45分	(巴)12、59、205/33~38分	(巴)12、59/41~45分	(巴)204(熊野神社前轉)202、206/41~45分	(巴)12、59(四条京阪下)/35分	(巴)204/31分	(巴)204(東天王下)/33分
北野天滿宮 / 北野天滿宮前	(巴)50/33~36分	(巴)10、51、203/27~33分	(巴)10、51/26~33分	(巴)203(百萬遍轉)206/31~35分	(巴)203/36分	(巴)203/33~36分	(巴)203(東天王下)/45~50分
嵐山 / 嵐山、嵐山公園前、嵐山天龍寺前	(電)JR至京都/16分 (巴)28、京72、京73/43~46分	(巴)11、京62、京63、京64/43~46分	(巴)11、京62、京63、京64/48~50分	(巴)11(四条大宮轉)207/40~44分	(巴)11(四条京阪下)/47~50分	(巴)93/42~44分	(巴)93(東天王下)/46分
京都御所 / 烏丸丸太町~烏丸今出川	(巴)府立醫大病院前搭)4、17、205/24分 (電)地鐵烏丸線至京都/8~10分	(巴)10、51、59/10~16分	(巴)10、51、59/19~24分 (電)地鐵烏丸線轉東西線至三条京阪/6分	(巴)202/20~22分	(巴)201、202/16~22分	(巴)93、204(岡崎道下)/8~10分	(巴)93、204(天王町下)/12分
二条城 / 二条城前	(巴)9、50/16~21分 (電)地鐵東西線轉烏丸線至京都/8分	(巴)12/17分	(巴)12/20~22分 (電)地鐵東西線至三条京阪/6分	(巴)9、12、50/24~34分	(巴)9、12、50、201、203、207/18~22分	(巴)(堀川丸太町轉)202(東山二条、岡崎公園口下)/14分	(巴)(堀川太町搭)93 204(東天王下)/16分 (電)地鐵東西至蹴上/9分
西陣 / 堀川今出川、一条戾橋	(巴)9/26~28分	(巴)12、51、59/20~25分	(巴)51、59(河原町三条下)/17分	(巴)203(百萬遍轉)206/27~31分	(巴)201/26分	(巴)201(東山二条、岡崎公園口下)/20分	(巴)203(東天王下)/23分

(巴)=巴士　(電)=電車　(步)=步行

銀閣寺	龍安寺	金閣寺	北野天滿宮	嵐山	京都御所	二条城	西陣
銀閣寺道、銀閣寺前	龍安寺前	金閣寺道、金閣寺前	北野天滿宮前	嵐山、嵐山天龍寺前	烏丸丸太町～烏丸今出川	二条城前	堀川今出川、一条戻橋
…5、(東天王町搭)32／5~6分	(東天王町搭)93、204(河原町丸太町轉)59／40~45分	(東天王町搭)204／34分	(東天王町搭)203／34分	(東天王町搭)93／48~50分	(東天王町搭)93、204／11分	(東天王町搭)93、204(堀川丸太町下)／16分	203／27分
	至北野白梅町轉嵐電北野線至龍安寺／31~35分	204／28~39分	203／19~24分	204(錦林車庫換)93／53~55分	203、204／13~16分	204(堀川丸太町下)／20~22分	203／15~20分
203／37~42分		59／6分 步19分	(妙心寺北門前搭)10／8分	(妙心寺前搭)京63、京64／16~18分；京福電鐵北野轉京福電鐵嵐山線至嵐山／15分	59／23~28分	(仁和寺前搭)10／25分	59／19分
204／26~36分	59／5分 步19分		204(北野白梅町下)／5分	204、205(西／京円町轉)93、京63、京64／30~35分	204／15~24分	12／18~21分	12、59／12~17分
203／21~26分	50、55(立命館大學下)／6~8分	(至衣笠校前搭)204／5分		203(西／京円町轉)93、京63、京64／28~35分	10、51、203／12~18分	50／13~17分	203／7~10分
93(錦林車庫換)204／53~55分	93、京63、京64(妙心寺下車)／15~18分；京福電鐵嵐山線轉北野線至龍安寺／15分	93(西／京円町轉)204、205／32~35分	93(西／京円町轉)203／28~30分		93／35~40分	93／30~34分；JR嵯峨野線至二条／6~10分	至二条城轉201／36~38分
203、204／11~18分	59／26分	204／15~23分	51、203／8~11分	93／35~40分		10、93、202、204(堀川丸太町下)／5分	59、201、203／3~4分 步12~15分
(堀川丸太町搭)204／22分	50(立命館大學前下)／23分	12／22~25分	50／13~15分	(堀川丸太町搭)93／32分；JR嵯峨野線至嵯峨嵐山／6~10分	10、93、202、204／5分		9、12／7~10分 步17~22分
203／14~18分	59／21分	12、59／11~15分	51、203／5~7分	201(千本丸太町轉)93、京63、京64／35~40分	59、201、203／3~4分 步12~15分	9、12／7~10分 步17~22分	

疑難雜症一次解決

Point 6

還是有點不安嗎？先別自己嚇自己，在這裡幫你整理了幾個常見的疑問，好好的想一想，搭公車玩遍京都的小冒險就在等著你。

買了一日券，可是還是很擔心超過範圍要補票

　一日券最常搭的公車就是市巴士和京都巴士兩種，可以先記得兩種巴士的樣子，不要看到巴士就衝上車。

再來，淺綠色的市巴士當中，只要車牌是藍底白字、或是橘底白字，都是怎麼開都在一日券範圍內的車，完全不需要擔心。

有可能跑出一日券範圍的是白底黑字的市巴士、以及京都巴士，不過大部份景點都還是在一日券範圍內，搭車時稍微注意一下就沒問題了。

好像很容易搭錯車？

　主要原因是日本的車行左右方向和台灣不同，有時會想錯邊。同一路線的公車會駛往不同方向，所以記得以目的地為基準找車，不要只靠公車路線的號碼。

那真的搭錯車怎麼辦？

　總之都先找個站牌下車再冷靜處理，通常走到對向站牌搭車、甚至在同個站牌換班車就可以抵達目的地。拿一日券給司機看，他會告訴你該補票或是直接下車就好。

我還是比較喜歡搭電車公車真的有比較方便嗎？

　以京都來說，公車的路線、班次和可以抵達的景點都比地下鐵來得更多，行駛範圍更廣闊、指示也做得清楚，再加上有當日無限次搭乘的一日券，整體來說的確比較方便。但如果你想要去的景點剛好在地鐵、私鐵沿線，那麼搭電車遊玩又有何不可？

說了這麼多搭公車還是有缺點吧？

　在市中心的四条烏丸、河原町一帶還是會比較容易塞車（尤其是下班時段）。另外觀光旺季時很容易大排長龍，公車上擠滿人。觀光旺季時，或是帶著大行李、推著嬰兒車的話，部分路段可以善用地鐵避開人潮，另外就是做好心理準備，保持一顆平和的心囉！

現在出發
搭公車玩京都

京都的公車百百款，路線繁復自成網路，若全盤通透可謂是玩遊京都的最佳交通方式。但對於偶爾前往的旅客來說，要把全部路線都搞懂著實得花上不少時間做功課，而且說實在的，有許多路線也並不在觀光點上，就算知道了也沒什麼用。

我們不如把想法簡單化吧！以觀光為主要目的，其實需要了解的公車路線不用太多，這裡精選了4條路線：市巴士 205、市巴士206、市巴士5、市巴士50，這4條路線都從京都駅前公車站、四条河原町站出發，各自運行在京都的觀光景點上，互相串聯便能將京都市內玩個十之八九，若對搞懂京都繁雜交通網沒自信，就先從這4條路線下手吧！

市巴士 205

這是一條循環路線車，範圍皆在均一區內。起站在九条車前，分為順時針與逆針兩個運行路線，最了解想去景點的地方位，以免坐錯方向繞一大圈。

市巴士 206

這是一條循環路線公車，範圍皆在均一區間內。起站在北大路BT，運行在各大景點之間。一樣是有順時針與逆時針路線，乘車時要注意方向與目的地。

市巴士 5

連接京都駅、四条河原町與銀閣寺的路線，範圍皆在均一區間內，沿路停靠三十三間堂、祇園、平安神宮等著名景點，到了銀閣寺後迴轉駛回京都駅。

市巴士 50

由京都駅出發連結京都市西半部至立命館大學的路線，範圍在均一區間內，北野天滿宮、二条城等熱門景點皆在路線上，比起其它路線相對方便，也不少人搭乘。

▼P.051

鴨川跳烏龜

京都市役所

下鴨神社前

▼P.055

泉仙 大慈院店

大德寺前

▼P.057

金閣寺

金閣寺道

北野白梅町

▼ P.041

フランソア喫茶室

四条河原町

▼ P.062

負野薫玉堂

▼ P.045

一保堂茶舗 京都本店

烏丸七条
京都駅前

九条車庫前

▼ P.016

京都駅前巴士站

市巴士 205

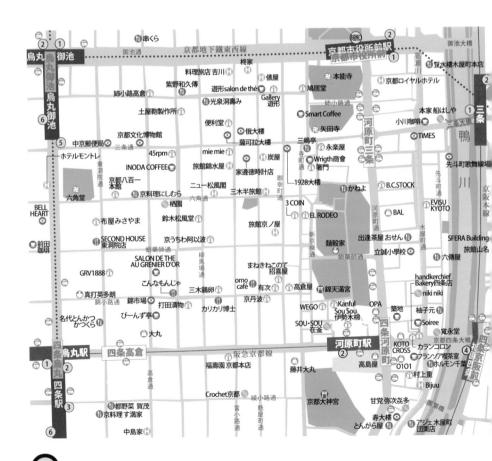

京都逛街繁華區

四条河原町

四条通、河原町通與烏丸通、三条通所圍成的地區是京都最熱鬧的繁華街，也是造訪京都必逛的購物與美食區。在這裡集中了多家年輕人必去的流行百貨商場與服飾精品店；御池通與四条通所隔住的寺町通由寺町商店街與寺町京極商店街所串聯，是許多年輕人喜歡遊逛的商店街。越過鴨川再向東走去便是祇園，而先斗町、木屋町更是京都夜生活的精華區。除了逛街購物之外，此區域內也有不少觀光景點，像是鴨川的納涼川床、錦天滿宮、錦市場、六角堂等，更有多家老舖和菓子店聚集，極富有歷史與文化，是造訪京都不可或缺的區域。當然，美食店家更是這裡的強項，不知道吃什麼的時候只要彎進巷子裡，也許就會有意想不到的發現哦！

麼到

這一帶商圈的範圍很大，至四条河原町站牌、三条、四条烏丸等站牌下車皆可抵達，詳見巴士站牌對應一欄。如果以三条、四条、河原町定點遊元，若對腳力有自信，邊走邊逛反而省錢省麻煩。

搭乘阪急電鐵京都本線至河原町駅、烏丸駅下車；京都地下鐵烏丸線至四条駅、烏丸御池駅下車，地下鐵東西線至烏丸御池駅下車。搭乘京阪本線至祇園四条駅下車。

四条河原町巴士站

- **A** 市巴士往【京都駅・北野天滿宮・金閣寺・山越】5・10・15・37・51・59
  京都巴士往【京都駅前】86
- **B** 市巴士往【京都駅・西京極】4・5・17・80・205
- **C** 市巴士往【市役所・出町柳】17
- **D** 市巴士往【嵐山・上賀茂・東寺】3・11・12・31・32・46・201・203・207
- **E** 市巴士往【祇園・平安神宮】11・12・31・46・58・201・203・207
- **F** 市巴士往【下鴨神社・金閣寺】4・205
- **G** 市巴士往【出町柳・銀閣寺】3・17
- **H** 市巴士往【平安神宮・銀閣寺】5・32

👁 ☕ 元・立誠小學校

info 京都市中京區蛸藥師通河原町東入備前島町310-2➡電話：075-708-5318➡時間：Traveling Coffee 11:00~17:00，校舍其他部分僅活動舉辦時開放➡休日：不定休➡網址：www.rissei.org/；(Traveling Coffee)www.facebook.com/kyototravelingcoffee/

鄰近河原町通鬧區的高瀨川邊，有一棟優美建築的小學，名叫立誠小學校。1920在高瀨川卸除運河功能後，學校接著在1928年建蓋，但隨著少子化，也不免面臨廢校命運，1993年廢學校後，其他單位來這裡接替運用，因此建築及內部都保存完好。近來又成為多功能的文化發信地與咖啡館，成為文化藝術、電影演出的新空間。

寬永堂 四条本店

info 京都市中京區先斗町四条上ル柏屋町
171-3➡電話：075-229-6282➡時間：
9:00~22:00➡價格：傳承饅頭 寬永傳8個
¥1280➡網址：www.kaneido.com

創業於寬永年間的寬永堂也是京都的和
菓子老店，經典商品是香味濃郁的黑豆茶
羊羹。「傳承饅頭 寬永傳」的外皮薄而焦
香，內餡的白鳳豆沙香
甜不膩，也很好吃。
四条本店的2樓也
設有茶寮，可以
即使品嚐這百年
好滋味。

niki niki

info 京都市下京區四条通西木屋町角➡電話：
075-254-8284➡時間：10:30~19:00➡價格：造
型生八橋，一組(2入)¥400➡網址：www.
nikiniki.co.jp

來到京都的人多少都會帶點生八橋當作
伴手禮回家贈送親友，由老舖聖護院八
橋研發，結合傳統生八橋，將之轉換成一
個個可愛又精緻的現代風和菓子，
nikiniki不但受到觀光客喜愛，連
在地人都是極力推薦。位在河原
町轉角的小店面常常擠
滿人，「卡哇伊~~」
的驚呼聲此起彼
落，精美造型很適
合當作伴手禮。

福壽園 京都本店

info 京都市下京區四条通富小路角➡電話：
075-221-2920(各樓層電話不一，詳見官網)➡時
間：B1~1F、4~5F 11:00~18:00(2F京の茶庵L.
O.17:30，入室至17:00)；2F茶寮FUKUCHA 四条
店11:00~19:00(L.O.18:30)；3Fメゾン・ド・マツダ
福寿園11:30~15:00、17:30~21:30(預約制)，茶
講座體驗(60分、90分/場)11:30~16:00➡休日：
1/1、週三，メゾン・ド・マツダ福寿園1/1、週二~三
➡價格：茶講座體驗¥2200~3300➡網址：
www.fukujuen-kyotohonten.com➡注意：茶
講座需7天前網路或電話預約

來自宇治的福壽園是開業超過兩百年的宇
治茶老舖。外觀充滿現代感的京都本店，
樓是陳列商品的茶鋪，從一旁階梯潛入地
一樓，則是名叫「京の茶蔵」的有趣空間。在
這裡，不但可以和調茶師一起尋找自己喜歡
的日本茶、現場調配出符合個人喜好的「M
Tea」，更可以報名參加日本茶講座，從基礎
開始，認識日本茶的種類、味道和泡法。

錦 天滿宮

info 京都市中京區新京極通四条上る中之町537→電話：075-231-5732→時間：8:00~20:00→價格：自由參拜→網址：nishikitenmangu.or.jp/

錦天滿宮是錦市場的鎮守神社，也是京都商人們的重要信仰中心，祭拜的神祇菅原道真，除了是一般人熟悉的學問之神外，也掌管商業才能。錦天滿宮入口處的黑牛塑像，據說摸了就會有好運，因此牛頭被摸得閃閃發亮。

Crochet 京都本店

info 京都市下京區綾小路富小路東入塩屋町69→電話：075-744-0840→時間：10:30~19:00→休日：不定休(詳見官網)→價格：各式京飴一份¥540→網址：crcht.com

今西製菓為創立於1876年的京飴老舖，其「京飴 綾小路」傳承百年的手工滋味，將歐洲的糖果追求繽紛炫目的色彩，結合傳統京飴著重的滋味呈現，融合兩者之長，創造出嶄新的京飴。Crochet創作出宛如皇朝再現的華麗風采，色澤的呈現很西方，色彩的選擇卻很東洋，目前三十餘種口味，每一種口味都有自己的顏色與專屬故事。

カランコロン京都 本店

info 京都市下京區四条通小橋西入真町83-1→電話：075-253-5535→時間：10:30~20:30→價格：がま口(零錢包)¥1100起→網址：kyoto-souvenir.co.jp/brand/karancolon/

1895年創業的伊と忠是專門製作販賣穿著和服所搭配鞋子與提袋的京都老舖，為了融入現代，推出年輕品牌カランコロン京都，將傳承百年的圖紋布樣變化出現代人喜愛的和風雜貨小物，無論是散步用的小袋、零錢包或是京都風味濃厚的帆布包，都成了最流行的配件。

詩の小路TERAMACHI

info 京都市中京區寺町通四条上ル➡電話：075-211-5100➡時間：11:00~20:00➡休日：不定休➡網址：www.utanokoji.com

在河原町地區擁有三家分店的詩の小路是京都年輕人最喜歡的潮流大樓，進駐了許多潮流品牌，而寺町通上的詩の小路則擁有8家個性小店，除了男性潮流服飾、和服出租店、美髮SALON、珠寶店外，另有武士忍者博物館與尼泊爾異國餐廳等，各式不同型態店家，滿足不同客群。

壽大樓

info 京都市下京區河原町通四条下ル市之町251-2➡電話依店舖而異➡時間：依店舖而異➡注意：除了minä perhonen，其他設施的公休日都訂在週四，造訪壽大樓還是避開週四為宜

昭和2年建成的壽大樓是京都懷舊建築裡少有的白色磚石造大樓，簡潔的造型甚有古典主義的均衡感，大門上的拱型壁飾頗見氣派，階梯的木質扶手、每間店家或工作間的隔板上都留著下了以往使用痕跡。每層都挑高的壽大樓共有5層，進駐不少名店，像是皆川明的minä perhone、童書繪本店MERRY GO ROUND等。

SOU SOU 伊勢木棉

info 京都市中京區新京極通四条上ル二筋目東入ル二軒目P-91ビル1F➡電話：075-212-9324➡時間：11:00~20:00➡價格：零錢包￥1900起➡網址：www.sousou.co.jp

以工作便靴打響名號的SOU SOU成立的布料專門店，讓傳統走入現代，製作出更多符合潮流的商品，例如手機吊飾、和風布包，也可以單獨購買布料自己變化出更多品項。如果你也喜歡隨身小物，不要錯過SOU SOU那結合傳統手工藝的舒適質感與融會和洋風格的摩登設計。

喫茶築地

info 京都市中京區米屋町384-2➔電話：075-221-1053➔時間：11:00~18:00➔價格：ウィンナーコーヒー（維也納咖啡）¥700

滿滿地被紅絲絨厚重座椅包圍的空間，讓金杯盤在昏黃的吊燈照耀下暖暖含光，這是1934年就創業的老牌喫茶店築地。高雅的空間中滿溢著咖啡的香氣，店家最受歡迎的「維也納咖啡」，選用的咖啡豆苦味較濃厚，正好跟店內提供的多款蛋糕相搭配，優雅又帶點花俏，就像是老京都的印象。

ソワレ

info 京都市下京區西木屋町通四条上ル真町95➔電話：075-221-0351➔時間：13:00~19:00(L.O.18:00)，週六日例假日至19:30(L.O.18:30)➔休日：週一（遇假日順延翌日休）➔價格：ゼリーポンチ(果凍飲料)¥750➔網址：www.soiree-kyoto.com/

位在木屋町上，充滿昭和懷舊風的oiree，一進入室內，微藍的昏暗燈光讓人稍稍恍惚，舉目可及、充滿古典主義的歐式懷舊裝飾，營造出懷舊的少女情懷。來到2樓藍光更加強烈，點了杯招牌果凍飲，五顏六色的果凍在杯中，加上蘇打水反射出的藍光，讓飲料也變得奇幻不已。

フランソア喫茶室

info 京都市下京區西木屋町通四条下ル船頭町184➔電話：075-351-4042➔時間：11:00~22:00(輕食L.O.21:00，飲料、蛋糕L.O.21:30)➔休日：12/31~1/2➔價格：咖啡¥700起，特製プリン(特製布丁)¥800➔網址：www.francois1934.com

義大利巴洛克形式的建築、內裝則宛如華麗客船內部，在昭和9年(1934)開幕，瞬間成為很多音樂藝術家的聚集地，宛如高級沙龍般的存在。一直維持僅供應各式飲品與甜點、三明治的傳統，讓很多人可以懷舊老時代。

巷仔內看門道

京都市役所前

京都市役所位在三条河原町繁華商圈的北部，由於臨近京都御所與二条城，古時為了應付達官貴人們的日常需求，許多和菓子、花道、茶道、工藝品的老店都集中在這一帶，百年老舖在這一點也不稀奇。雖然這些老舖的門面都相當低調，但是依然吸引許多日本觀光客前來朝聖。但可別以為這些老舖都只是很老而已，近年來許多店舖由年輕一代接手，注入新鮮活力，時尚與內涵並存於這一區，不只是工藝、茶道等，甚至是新派餐廳，都十分值得一訪。

怎麼到

要逛這帶至京都市役所前站牌最近，詳見巴士站牌對應一欄。另外從三条、御池烏丸等站牌下車皆在徒步範圍。
如果以三条、四条、河原町這一帶定點遊玩，對腳力有自信，邊走邊逛反而省錢省麻煩。
搭乘地下鐵東西線至京都市役所前駅、烏丸御池駅下車。

京都市役所前巴士站

●A 市巴士往【四条河原町・京都駅】3・4・10・17・32・37・59・205
●B 市巴士往【三条京阪・平安神宮・銀閣寺】5
●C 市巴士往【北野白梅町・京都駅】15・51
●D 市巴士往【四条河原町】15・51
●E 市巴士往【出町柳・銀閣寺・金閣寺】3・4・10・17・32・37・59・205

京都御苑

info 京都市上京區京都御苑3➜電話：075-211-6348➜時間：自由參觀；京都御所(清所門集合)日文導覽9:30、10:30、13:30、14:30，中文導覽10:00、14:00，英文導覽10:00、14:00；京都仙洞御所(日文導覽)9:30、11:00、13:30、14:30、15:30，當日申請僅有下午梯次(日文導覽)➜休日：京都御所、京都仙洞御所週一(遇假日順延翌日休)、年末年始(12/28~1/4)、特殊日子➜價格：自由參觀➜網址：sankan.kunaicho.go.jp➜注意：參觀京都御所、京都仙洞御所導覽可事先網路預約或當天現場抽整理券

　御所就是天皇住所，京都御所的外苑就稱為京都御苑，為一占地廣達63公頃、結合歷史古蹟與美麗自然的公園。開闊的園內有五萬餘株包含櫻花、紅葉、銀杏等的林木，千餘株春櫻也使這兒成為賞櫻名所之一。

京都市役所

info 京都市中京區寺町通御池上る上本能寺前町488➜電話：075-222-3111➜時間：8:45~17:30➜休日：週六日例假日、年末年始➜價格：自由參觀➜網址：www.city.kyoto.lg.jp

　京都的市政府前有一大片開闊的廣場，無論平時或假日，總吸引許多人來靜靜地享受京都恬淡生活，1927年完工的建築外觀採用當時最流行的巴洛克式樣搭配充滿東洋味的細部設計，可以看到日本、中國、印度甚至回教的建築元素，也吸引了許多建築迷前來。

京都漫畫博物館

info 京都市中京區烏丸御池上ル(元龍池小学校)➔電話：075-254-7414➔時間：10:30~17:30(入場至17:00)➔休日：週二、三(週假日順延翌日休)、年末年始、維護日➔價格：成人￥900，國高中生￥400，小學生￥200➔網址：www.kyotomm.jp

利用昭和4年建築的國小校舍所改裝成的京都國際漫畫博物館，保存明治初期流傳下來的珍貴漫畫書、漫畫刊行雜誌，以及共三十多萬冊收集自海內外不同語言譯本的人氣漫畫，還會不定期舉辦漫畫主題特展，走在80年前建築的老校舍穿廊裡，還可感受到彷若日劇情節般的懷舊風情。

堀野紀念館

info 京都市中京區堺町通二条上ル亀屋町172➔電話：075-223-2072➔時間：11:00~17:00(入館至16:30)➔休日：週二、年末年始、7~8月不定休(詳見官網)➔價格：導覽與試飲￥500➔網址：www.kinshimasamune.com

堀野酒造成立於1781年，在1880年酒廠遷往伏見後，位於京都御所南邊的原酒廠維持著幕末到明治京都傳統町家的風格，直到1995年於原址設立堀野記念館，開放創始地舊堀野家本宅、擁有230年以上歷史的文庫藏、展示百年釀工藝的天明藏等深具歷史價值的建物予以參觀。

新風館

info 京都市中京區烏丸通姉小路下ル場之町586-2➔電話：依設施而異➔時間、購物11:00~20:00，餐廳8:00~0:00➔網址：shinpuhkan.jp

經歷了4年整修，前身為舊京都中央電話局的新風館在建築師隈研吾操刀下換新面貌重新開張，館內有除了有賣店、餐廳及電影院進駐之外，還開設了飯店，綠意盎然的中庭中矗立著象徵生生不息的雕塑作品，無論是逛街或是歇息，都能感受到這股沁涼新風帶來的暢然快意。

一保堂茶　京都本店

info 京都市中京區寺町通二条上ル常盤木町52➡電話：075-211-4018➡時間：茶舖10:00~17:00，喫茶室「嘉木」10:00~17:00(L.O.16:30)➡休日：年末年始、不定休➡價格：煎茶 嘉木 小缶箱90g￥3240➡網址：www.ippodo-tea.co.jp

　一保堂已經有三百年的歷史，是京都茶的高品質代表。京都總店依然是木造日式傳統老屋，店門口隨風飛揚的麻布簾，有著濃濃的老舖風情。附設的喫茶室「嘉木」名字來自唐朝陸羽《茶經》一書的「茶者，南方之嘉木也」，店內供應日本茶，並隨季節變換不同口味的和菓子。

Petit a Petit

info 京都市中京區寺町通夷川上ル藤木町32➡電話：075-746-5921➡時間：10:30~18:00➡休日：週四、年末年始➡網址：petit-a-petit.jp

　2014年春，中村雪與織品印刷總監奧田正廣，在京都御所一帶為他們的設計品牌「petit à petit」設立據點，以織品色彩呈現她在京都生活中所感受到的季節流轉之美，這些圖案製成手帕、提袋、抱枕、杯墊等生活小物，為人們點亮每一天的生活。「petit à petit」一名取自法國諺語「Petit à petit, l'oiseau fait son nid(小鳥一點一點地築成巢)」，意思是只要每天都累積努力，總有一天能達成目標。

紙司柿本

info 京都市中京區麩屋町通三条上ル下白山町310➡電話：075-211-3481➡時間：9:30~17:00➡休日：週一、例假日➡網址：www.kamiji-kakimoto.jp/➡注意：因本社進行新辦公室施工中，店鋪暫移至現址

　1845年成立的紙司柿本為和紙老店，和紙就是造紙職人利用傳統技術所製作出柔軟卻堅韌，並有各式各樣質感的日本紙張，還可因應需求專門訂做出顧客所要的紙，位於寺町通上的唯一店舖可以親自觸摸各種紙張，老店也製作出各種相關商品販售，最特別的就是放在信中的香包，傳遞舒服的香氣。

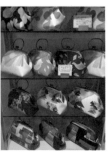

村上開新堂

info 京都市中京區寺町通二条上ル東側➡電話：075-231-1058➡時間：10:00~18:00，咖啡 11:00~17:00(L.O.16:30)➡休日：週日、例假日、第3個週一➡價格：ロシアケーキ(果醬餅乾)一片 ¥205➡網址：www.murakami-kaishindo.jp

　明治40年(1907)，村上清太郎在寺町二条創立了西洋菓子舖，是京都的第一間洋菓子店舖。和洋折衷的洋館在一片町屋之中顯得特別突出；現在店內仍殘留著往日風華。雖是洋菓子店，這裡不賣蛋糕類，而是專精在「餅乾」類的小點心。遵循創業時的風味，11種口味的餅乾各有特色，想吃一定得要預約。若是到現場，則可以至店後附設的咖啡廳，坐下來享用一杯紅茶，配上一片果醬餅乾，或是特製戚風蛋糕。

UCHU wagashi 寺町本店

info 京都市上京區寺町通丸太町上ル信富町307➡電話：075-754-8538➡時間：10:00~17:00➡休日：週二、三➡價格：swimmy mini¥1230➡網址：uchu-wagashi.jp/

　新創品牌的UCHU wagashi，堅持職人技術與高品質原料素材，創造出不同以往的新食感和菓子糖。小小的店舖裡糖果宛如展示精品般擺置，每盒糖果裡的色彩與配置都被精心鋪排，不但呈現出和菓子的視覺美感、更加入設計元素，不同季節、不同送禮主題甚至京都風景，成為一盒盒令人驚豔的彩色糖果風景。

café Bibliotic Hello！

info 京都市中京區二条通柳馬場東入ル晴明町650➡電話：075-231-8625➡時間：Café 11:30~0:00(L.O.23:00)，1F Bakery11:30~23:00➡休日：1F Bakery週一➡價格：咖啡¥500➡網址：cafe-hello.jp

　門口有著濃濃南國風的椰子樹，Hello是京都人最愛的咖啡廳之一，由町家改建而成的二層樓挑高空間內有一個大型書櫃，擺滿繪本、雜誌和小說，彷彿走入圖書館，隔鄰還有個可愛的麵包店，並附設販賣雜貨器皿的藝廊，幾乎就是一本立體的日本生活雜誌。

Restaurant 信

 info 京都市中京區寺町通竹屋町下ル久遠院前町667-1→電話：075-231-1211→時間：11:30~14:30，18:00~21:00→休日：週一→價格：午間套餐￥2525起，晚間套餐￥4545起→網址：kyoto-shin.jp

舊町家改建的Restaurant信，外觀潔白的牆面飄蕩著壽司屋般的簡潔自持。主廚兼負責人奧村信宏先生在飯店任職多年，看中了京野菜的潛力，選擇京野菜作為探索法式料理的新嘗試。

本家 尾張屋 本店

info 京都市中京區車屋町通二条下る→電話：075-231-3446→時間：蕎麥麵11:00~15:00(L.O.14:30)，菓子販售9:00~17:00→休日：1/1~1/2→價格：宝来そば(寶來蕎麥麵)￥2530→網址：honke-owariya.co.jp

尾張屋在江戶時代開始就是晉奉宮廷的即用蕎麥麵司，製作蕎麥麵已有五百多年歷史。寶來蕎麥麵將麵條分裝在5層漆器盒里，配上一籃日式佐菜，吃完麵後將蕎麥麵湯倒入醬汁，又成為一碗樸實的湯品，讓吃蕎麥麵變成一種幸福樂趣。

京のすし処 末廣

 info 京都市中京區寺町二条上ル要法寺前町711→電話：075-231-1363→時間：11:00~18:00(售完為止)→休日：週一、二→價格：京風ちらしずし(散壽司)一人份￥1705→網址：sushi-suehiro.jp

重視季節美食的京都人到了冬天最期待的就是「蒸壽司」，將散壽司放入器皿中蒸熱，讓味覺感  受溫暖的熱騰騰版花壽司，會放上金黃色的蛋絲、穴子魚、香菇、蓮藕、豌豆等，而這也是末廣壽司最出名的菜色。

大 人 氣 戀 愛 神 社

下鴨神社前

下 鴨神社有著古老歷史,是造訪京都時不可錯過的熱門景點。尤其境內幾處保佑女生的攝末社,近年來更是成為女性祈求變美、戀愛運的能量景點。像是專司變美的河合神社,記得用自己的化妝品在鏡繪馬上繪出自己樣貌、而相生社裡更可以祈求締結良緣,順手帶個結緣御守更有記念意義。由於神社離電車站還有段距離,搭乘公車直接到神社前下車最是方便。也可再與附近的出町柳、叡山電鐵等景點串聯,讓行程更豐富。

怎麼到

🚌 搭乘公車在下鴨神社前巴士站下過馬路即達,最為方便,詳見巴士站牌對應一欄。另外若從出町柳駅前、北大路等地也可徒步前來。

🚃 前往下鴨神社搭乘京阪本線在出町柳駅下,穿越河合橋往北徒步約15分即達。

下鴨神社前巴士站

●A市巴士往【上賀茂・北野白梅町】1・4・205
●B市巴士往【出町柳駅・四条河原町・京都駅】1・4・205

河合神社

info 下鴨神社境內➡電話：075-781-0010➡時間：6:30~17:00➡價格：鏡絵馬￥800，かりん美容水￥350

河合神社為下鴨神社裡的攝社，位在廣大的糺之森裡，想要祈求變美，便不能錯過。這裡於神武天皇時期創建，主祭神為玉依姫命；自古以來祂便被視為女性的守護之神，安產、育兒、結緣等與女性相關的祈願，皆由其掌管，也因為如此，這裡終日充滿女性參拜客所，除了買個鏡繪馬供奉外，還有木瓜煮出來的美容水、結緣御守等，深受歡迎。

下鴨神社

info 京都市左京區下鴨泉川町59➡電話：075-781-0010➡時間：6:30~17:00，特別拜觀「大炊殿」10:00~16:00➡價格：自由參拜；特別拜觀「大炊殿」成人￥500，國中生以下免費➡網址：www.shimogamo-jinja.or.jp

有著朱紅外觀的下鴨神社，擁有古典的舞殿、橋殿、細殿與本殿等建築，全部的殿社建築皆按照平安時代的樣式所造，線條簡潔卻帶著濃濃的貴族氣息。本殿不但是國寶，更是每年5月舉行的京都兩大祭典流鏑馬(5月3日)與葵祭(5月15日)的重要舞台，過年時的踢足球儀式「蹴鞠始め」也是一大盛事。參拜完不妨抽張籤詩，拿到御手洗川上看看運勢吧！

相生社

info 下鴨神社境內➡電話：075-781-0010➡時間：6:30~17:00➡價格：緣結繪馬￥500

相生社是下鴨境內的結緣神社，小小的神社祭祀生成宇宙萬物的「產靈神」，自古便以緣結而廣為人知。社前有一株「連理賢木」，由兩棵樹相纏而生，而且數年後便會枯掉，再新生出來，目前的已經是第4代的神木了。來這裡想要祈求好姻緣，可以至社務寺購買繪馬，將願望寫在上面，接著從神社正面開始，女生順時鐘，男生逆時鐘繞神社三圈，並在第三圈的途中將繪馬供奉在社後，再回到正面行二禮、二拍手、一禮參拜。

加茂みたらし茶屋

info 京都市左京區下鴨松ノ木町53➔電話：075-791-1652➔時間：9:30～19:00(L.O.18:00)➔休日：週三(遇假日照常營業)➔價格：みたらし團子(御手洗糰子)3支￥450

加茂御手洗茶屋是御手洗糰子的始祖，相傳是下鴨神社境內御手洗池底的泡泡幻化而成；另一說則是在下鴨神社御手洗祭時，有小販賣這種糰子，所以也就漸漸以祭典的名字來稱呼這種糰子了。加茂御手洗茶屋店裡熱呼呼的現烤糰子5個一串，配上祕傳的黑糖醬油，香甜對味。

出町ふたば

info 京都市上京區出町通今出川上ル青龍町236➔電話：075-231-1658➔時間：8:30～17:30➔休日：週二、第4個週三(遇假日順延翌日休)➔價格：名代豆餅￥200

位於出町柳商店街內的百年點心店。招牌的名代豆餅餅皮柔軟Q彈，紅豆內餡鬆軟香甜，餅皮上的黑豆卻帶著淡淡的鹹味，是令人難忘的素樸點心。

Haru Cooking Class

info 京都市左京區下鴨宮崎町166-32➔電話：090-4284-7176(英日文可)➔時間：料理課14:00開始，約3.5～4小時➔價格：非素食日式料理課(含神戶牛)￥8900，素食日式料理課￥6900➔網址：www.kyoto-cooking-class.com/➔注意：需網路預，英文OK

Haru Cooking Class一週固定開課四天左右，菜單在多方嘗試下，慢慢調整到現在以日式家庭料理為主、依季節變換菜色的形式。體驗分成素食和非素食兩個類別，其中提供正統神戶牛的非素食課程，很受外國旅客的歡迎。另外還有包含逛錦市場買食材的半天課程，不論內容或肚子都相當充實。

 ## 鴨川跳烏龜

info 出町柳賀茂川與高野川的交匯處一帶 ➤時間：自由參觀

來到出町柳，千萬別忘了來到賀茂川與高野川的交匯處這頭跳烏龜！由烏龜、千鳥等形狀組成的石頭就這麼橫佈在淺淺的鴨川上，人們喜歡邊數邊跳至對岸，趣味無窮。在跳時可要注意對面是否也有人跳來，別撞上了。

 ## 進々堂 京大北門前

info 京都市左京區北白川追分町88(京都大學北門前) ➤電話：075-701-4121 ➤時間：8:00～18:00(L.O.17:30) ➤休日：週二 ➤網址：www.shinshindo.jp/ ➤注意：店內禁止拍照攝影

位在京都大學的北門前，1930開設至今，內外裝改變不大，在30年代的京都，可說引領風潮。至今仍飄散著昭和氛圍這家老咖啡館，優雅的歐式建築內飄散安靜氛圍，數張可圍坐6-10人厚重的大木桌，加上老派風格餐飲與咖啡香，是想遠離人潮、感受人文咖啡館之處。

 ## 百萬遍知恩寺手作市集

info 京都市左京區田中門前町 知恩寺境內 ➤時間：每月15日8:00～16:00 ➤網址：www.tedukuri-ichi.com/

京都有許多手作市集，其中最盛大、熱鬧的非百萬遍莫屬了。每月15日在知恩寺御影堂前聚集約350家店舖，大多來自左京區的許多店家，不論是手工藝、雜貨、糕餅、咖啡等傾巢而出。由於每個月的店舖都是由抽籤決定，所以每個月設展的店有可能會不同，看到喜歡的店舖可得把握機會。

大德寺前巴士站

●A市巴士往【出町柳駅・北大
路BT・四条河原町】1・12
・204・205・206・北8・
M1
●B市巴士往【金閣寺・北野天
滿宮・京都駅】1・12・204
・205・206・北8・M1

進入佛教美學世界

大德寺前

大德寺腹地廣大，石坂參道旁綠蔭蔽天，夏天綠意
盈滿，深秋則被紅葉包圍；除了有四大寺苑的山
水庭園可以參觀之外，近年也發展出精進料理、宿坊等
各種體驗，讓人一探佛教的醍醐味。這一帶鄰近西陣、
紫野一帶，老舖小店不少，若是對腳力有自信的人不妨
串聯一同遊逛，或是搭乘公車也都很方便可以順遊。

 怎麼到

要到大德寺，直接至大德寺前站下車最近，詳見巴士
站牌對應一欄。但從前後的北大路堀川、千本北大路
等站徒步也能達，可視行程決定下車站牌。

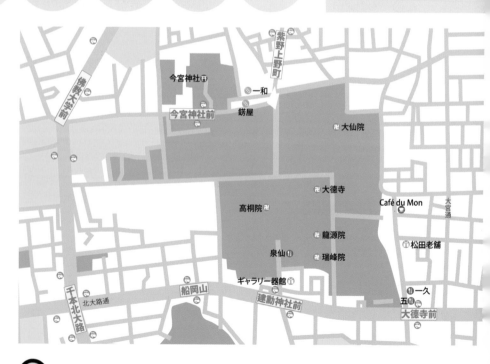

大德寺

🈯 info 京都市北區紫野大德寺町53➔電話：075-491-0019➔時間：自由參觀；龍源院9:00~16:30；瑞峰院9:00~17:00；大仙院9:00~17:00(12~2月至16:30)；高桐院9:00~16:30➔價格：自由參拜；龍源院大學生以上￥350、高中生￥250、國小學生￥200；瑞峯院高中生以上￥400、國中小學生￥300；大仙院高中生以上￥400、國中小學生￥270；高桐院高中生以上￥500、國中生￥300、小學生以下免費➔網址：www.rinnou.net/cont_03/07daitoku/

大德寺最早的建築毀於大火，直到15世紀時，一休禪師復興臨濟宗大德寺派，重建這裡作為總本山，使得大德寺在京都歷史上有一定的地位，豐臣秀吉也選在這裡舉行戰國名將織田信長的葬禮。大德寺內的國寶甚多，但公開讓一般民眾參觀的只有四個禪院。

高桐院

高桐院的石坂參道旁綠蔭蔽天，夏天盈滿青翠的綠意，深秋則被紅葉包圍。

大仙院

大仙院的庭園是室町時代的枯山水傑作，象徵寧靜大海的白砂庭間，點落著巨石，象徵蓬萊山泉流流向大海。

瑞峰院

表現禪宗方丈建築特徵的瑞峰院，在枯山水式的獨座庭中白砂如波，展現浪濤拍岸的意境，閑眠亭則特意拚出十字架形狀的石組，記念信奉基督教的創建者。

龍源院

「一枝坦」宛若水滴漩渦般的白沙地上，錯落著綠苔與岩石，線條與構圖極其優美，在方寸間凝結宇宙的狹小壺庭「東滴壺」，也是京都知名的石庭之一。

今宮神社

info 京都市北區紫野今宮町21➜電話：075-491-0082➜時間：9:00~17:00➜價格：自由參拜➜網址：imamiyajinja.org

今宮神社有著朱紅色的社殿，供奉著醫藥之神，為了奉祀平安時代建都之前的瘟疫之神而打造。神社內有顆靈石「阿呆賢さん」，許願前先捧起石頭，接著輕撫石頭並許願後，再捧起石頭，如果變輕了願望便會成真，現在常常能看見女孩人排隊進行靈石占卜的有趣畫面。

一和

info 京都市北區紫野今宮町69➜電話：075-492-6852➜時間：10:00~17:00➜休日：週三（週1、15日、例假日順延翌日休）➜價格：阿ぶり餅（串烤黃豆粉麻糬）11支￥600

今宮神社東門附近有賣現烤的知名點心「あぶり餅」，據說吃了這甜甜的麻糬就能祈求疾病痊癒，擁有1000年歷史的一文字屋和輔(簡稱一和)就是這「あぶり餅」的創始老店，古風建築讓人彷彿回到那個時代，如大拇指般大小的麻糬沾上黃豆粉再以備長炭細火慢烤出香氣，品嘗時可沾著白味噌，口感十足的麻糬洋溢著焦香，讓人一支接一支。

かざり屋

info 京都市北區紫野今宮町96➜電話：075-491-9402➜時間：10:00~17:30➜休日：週三（週1、15日、例假日順延翌日休）、12/16~12/31➜價格：あぶり餅（串烤黃豆粉麻糬）￥600

與一文字屋和輔對門而立的老店錺屋只賣一味，將捏得小小的的麻糬沾上大量黃豆粉，串在竹籤上用備長炭火烤得焦香，再淋上只用糖與京都白味噌調出的沾醬，一口一個，香香甜甜得十分美味。

一休こんぶ 松田老舖

info 京都市北區紫野下門前町37➜電話：075-492-4697➜時間：9:00~18:00➜價格：大徳寺納豆50g¥540➜網址：matsudashinise.com

大德寺的納豆，其實就是華人餐桌上常見的「豆豉」。奈良時代由中國傳入日本，稱為唐納豆，早期是佛寺僧人的保存食，爾後由大德寺住持一休宗純將製法傳下，至今門前幾間店舖仍遵循古法製作，香味純濃，不管是入菜或是做成茶泡飯都很適合。

五

info 京都市北區紫野雲林院28紫野和久傳 大德寺店 2F➜電話：075-494-0500➜時間：1F賣店10:00~17:00；2F五11:30~15:30(L.O.15:00)，17:30~21:00(L.O.20:30)➜休日：週四➜價格：のおまかせ(午間套餐，預約制)¥3800，夜のおまかせ(晚間套餐，預約制)¥11000起➜網址：www.wakuden.jp/ryotei/itsutsu/

店名「五」源自蕎麥的五個顏色：黃根、紅莖、白花、黑實、綠葉。傳承和久傳的風雅格調，五專賣蕎麥麵，中午提供單點與套餐，晚餐則是完全預約制，有三種套餐可以選擇。食物擺盤極為精緻，食材鮮度更是不馬虎，如同料亭般的規格，將蕎麥麵的風味發揮至最大。

泉仙 大慈院店

info 京都市北區紫野大德寺町4 大慈院內➜電話：075-491-6665➜時間：11:00~16:00(L.O.)➜休日：12/28~12/31➜價格：精進料理おやめ¥3500➜網址：kyoto-izusen.com

泉仙的大慈院店於1963年營業至今，一直秉持喜心(以愉悅的心製作料理)、老心(以對待孩子般的心情來細心料理)與大心(不偏不倚，正確判斷)為原則經營。食堂內是簡樸素淨的褟褟米房間，只有桌椅與簡單裝飾，精進料理一份一份送至桌上，就放在客人面前，用餐時恭敬地端起碗筷，感受精進的精神。

京都必訪世界遺產

金閣寺道

金閣寺用金箔所貼覆而成,也是京都最耀眼的象徵,寺內的池泉迴游式庭園以鏡湖池為中心,向背面的衣笠山借景,金碧輝煌的金閣倒影在水中搖曳甚是美麗,再與不遠的龍安寺、妙心寺等串聯,位置雖稍稍遠離市區,交通也不太方便,但卻是造訪京都絕對不能錯過的世界遺產。想要串聯金閣寺與龍安寺、仁和寺等,最方便的還是利用59號公車。

廖到

搭乘公車至金閣寺道巴士站的選擇比較多，詳見巴士站牌對應一欄。除了金閣寺道站之外，若搭乘 12・59可直接於金閣寺前巴士站下車，離金閣寺較近。

想要串聯龍安寺、仁和寺等地，可以搭乘59號公車直達。

金閣寺道巴士站

- ●A 市巴士往【立命館大学・山越】12・59
- ●B 市巴士往【二条城・四条河原町】12・59
- ●C 市巴士往【立命館大学・山越】12・59
- ●D 市巴士往【京都駅・出町柳駅・銀閣寺】204・205・M1
- ●E 市巴士往【北大路BT・四条河原町・大徳寺】12・59・204・205・M1

卍 ## 金閣寺

info 京都市北區金閣寺町1→電話：075-461-0013→時間：9:00~17:00→價格：成人￥500，國中小學生￥300→網址：www.shokoku-ji.jp/

金閣寺是由足利義滿於1397年打造，在建築風格上融合了貴族式的寢殿造與禪宗形式，四周則是以鏡湖池為中心的池泉迴遊式庭園，並借景衣笠山。三層樓閣的金閣寺位於鏡湖池畔，底層為「阿彌陀堂法水院」，第二層是稱為「潮音閣」的觀音殿，最上層則是仿唐室建築的格局，一隻飛舞的金色鳳凰直立在屋頂，十分醒目。整座寺閣都是使用金箔貼飾，也因而被封上「金閣寺」的美名。每到冬季時，「雪粧金閣」更令人們趨之若鶩的夢幻秘景。

昭和25年7月2日(1950)，金閣寺慘遭焚燬，稱為「金閣炎上事件」，現在所看到的金閣寺是於昭和30年(1955)重建，30年後再貼上金箔復元的。三島由紀夫以此事件為背景，寫成著名的「金閣寺」一書；或許也是在小說之後，金閣寺聲名大噪，與富士山並列為日本最具代表性的名景。

仁和寺

info 京都市右京區御室大内33➡電話：075-461-1155➡時間：3~11月9:00~17:00、12~2月9:00~16:30➡價格：高中生以上￥500、中、小學生￥300(賞櫻時間中、小學生￥200)；靈寶館成人￥500、中、高學生￥300➡網址：www.ninnaji.or.jp

　仁和寺與日本皇室關係密切，曾有數位天皇退位遁入佛門後，在仁和寺執行「法皇」的政務權利，因此仁和寺又有「御室御所」之稱(御室為僧坊，御所則是天皇居所之意)。它同時也是日本佛教教派「真言宗御室派」的大本山，在宗教上地位甚高。仁和寺的建築規模宏大，庭園優美，在寺院建築上，享有最高格式之名。寺廟為光孝天皇於仁和2年(886)所建，後來在應仁之亂中不幸全數燒毀，直到江戶時代的正保3年(1646)才重建完成，當時並將京都御所內的紫宸殿、清涼殿移築仁和寺，成為現在見到的金堂和御影堂。仁和寺的櫻花也十分有名；這裡的花期比京都市內晚十天至二個星期，因此有「京洛最後の花見」的稱號，這裡的櫻花被稱為御室櫻，最大的特色就是從根部，大約離地2、30公分起，就開始開出櫻花來，不像一般櫻花，多長在枝頭樹梢；因此仁和寺櫻花盛開時，有種近在眼前的獨特美麗。

等持院

info 京都市北區等持院北町63➡電話：075-461-5786➡時間：9:00~17:00(售票至16:30)➡價格：高中生以上￥500、小、中學生￥300

　1341年，室町幕府第一代將軍足利尊延請國師夢窗疎石打造的名園，如今成為足利家族的家族寺廟，供奉立代足利將軍的木像。院內的西庭借衣笠山為景，以芙蓉池為中心，茶花、杜鵑等依照四時綻放，景色優美，茶室清漣亭則是足立義政所喜愛的茶亭。

龍安寺

info 京都市右京區龍安寺御陵下町13➜電話：075-463-2216➜時間：3～11月8:00～17:00，12～2月末8:30～16:30➜價格：成人￥500、中、小學生￥300➜網址：www.ryoanji.jp

　龍安寺創建於室町時代的寶德2年（1450），以著名的枯山水石庭「渡虎之子」聞名。這枯山水石庭長30公尺、寬10公尺，以白色矮土牆圍繞。庭中沒有一草一木，白少被耙掃成整齊的平行波浪；其中搭配的十五塊石頭，如果站在廊下面向外面的話，石頭從左到右以5、2、3、2、3的排列組合設計，象徵著浮沈大海上的島原。白砂、苔原與石塊，單純而簡潔的組合被譽為禪意美感的極致。白牆外側，四時的花朵不時探進牆頭，更增添四季轉折的美感。這座石庭也可由佛教的角度來觀覽。以無垠白砂代表汪洋、以石塊代表浮沈人間以及佛教中永恆的蓬萊仙島。方寸間見無限，就是枯山水的最高境界。

龍安寺西源院

info 京都市右京區龍安寺御陵下町13 龍安寺境內➜電話：075-462-4742➜時間：10:00～17:00➜價格：七草湯豆腐￥1500、精進料理￥3300

　跪坐在龍安寺的名庭內品嘗以七草湯豆腐為主的精進料理，感覺格外風雅。此地的湯豆腐是由丹波地區產的最頂級大豆磨成，除了能夠增添香氣的香菇、口感俱佳的蒟蒻之外，還在湯豆腐中加入七樣蔬菜及京都有名的生麵麩，所以稱為「七草湯豆腐」，食材種類相當豐富，也有益身體健康因此大受歡迎。

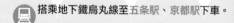

東 西 本 願 寺 歷 史 悠 長

烏丸七条

這裡位在京都駅與五条通的中間，其實從京都駅走路過來也只要約15分鐘。這一站離東本願寺很近，西本願寺也在徒步範圍，附近的老舖、商店更是十分精彩。而五条一帶有些餐廳也很值得一訪，可以將全部串聯起來花個半天至一整天玩完。

怎麼到

搭公車至烏丸七条巴士站下車最近，詳見巴士站牌對應一欄。若外若想直接到西本願寺，則可搭至西本願寺前、七条堀川等站下車。

搭乘地下鐵烏丸線至五条駅、京都駅下車。

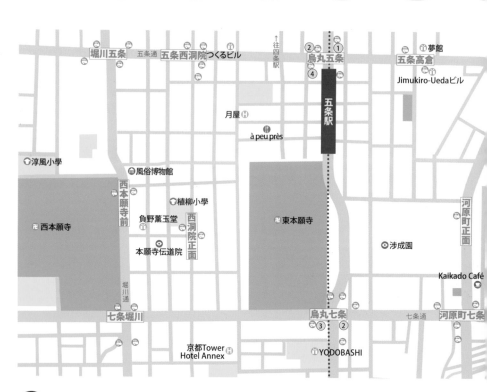

烏丸七条巴士站

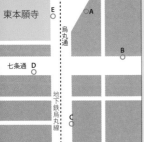

●A 市巴士往【京都駅】5・26・73・88・205・206・208
　京都巴士往【京都駅】45・51・73・76・77・81
●B 市巴士往【三十三間堂・平安神宮】206・208
●C 市巴士往【京都駅・大德寺】206
●D 市巴士往【北野天滿宮・大德寺】205・207
●E 市巴士往【四条河原町・龍安寺】5・26・207
　京都巴士往【四条河原町・貴船・大原・嵐山】17・73・75

西本願寺

info 京都市下京區堀川通花屋町下ル➡電話：075-371-5181➡時間：5:30~18:00（3・4・9・10月~17:30，11~2月6:00~17:00）➡價格：自由參觀➡網址：www.hongwanji.or.jp

　西本願寺境內的唐門、書院、能舞台，都是日本國寶，也是世界遺產。唐門的雕刻刀法精緻璀璨，華麗非凡，總讓人駐足許久流連終日，因此有「日暮門」之稱。此外，西本願寺的能舞台，據考證是日本現存最古老的一座；與「金閣寺」、銀閣寺」並稱為「京都三名閣」的「飛雲閣」則是由豐臣秀吉在京都的宅邸—聚樂第移過來的。

風俗博物館

info 京都市下京區新花屋町通堀川東入る5F➡電話：075-342-5345➡時間：9:00~17:00➡休日：週日例假日，8月13~17日，展展期➡價格：成人￥500，高中大學生￥300，國中小學生￥200➡網址：www.iz2.or.jp

　風俗博物館以模型的方式重現了「源氏物語」主角——光源氏所建「六條院」中的春之御殿。雖然館內空間不大，但春之御殿精雕細琢的佈置、人偶細緻華麗的作工及配合季節變換的場景十分引人入勝。

東本願寺

info 京都市下京區烏丸通七条上る→電話：075-371-9181→時間：5:50~17:30(11~2月6:20~16:30)→價格：自由參拜→網址：www.higashihonganji.or.jp/

東本願寺是日本淨土真宗大谷派的大本山，境內的御影堂是世界最大的木造建築，供奉著淨土真宗的創教人「親鸞上人」。寺內的建築都是明治28年(1895)重建的，之前原本的面貌因多次火災而不復見，據說再建時過程很不順利，於是女信徒們便斷髮結繩祈願，並編成粗壯的毛綱搬動木材，才得以建成。

負野薰玉堂

info 京都市下京區堀川通西本願寺前→電話：075-371-0162→時間：9:00~17:30→休日：第1、3個週日、年末年始→價格：線香(短寸5把入)￥2200起→網址：www.kungyokudo.co.jp→注意：香道體驗需事先預約，人數需5人以上才開放，需穿著襪子入內；目前暫停體驗活動

安土桃山時代文祿三年(1594)創業的國寶級老舖薰玉堂，是日本最古老的御香調進所，守護著傳統的製法，使用香木與天然香料的調合，調配出能散發出溫順且使人放鬆的香氣，亦致力於香道的普及與推廣，開設以一般人為對象的香道體驗教室。

涉成園

info 京都市下京區正面通間之町東玉水町→電話：075-371-9210→時間：9:00~17:00(11~2月至16:00)，入園至閉園前30分鐘→價格：維護園景自由捐獻，成人捐獻￥500以上、高中生以下￥250贈送園內介紹→網址：www.higashihonganji.or.jp/about/guide/shoseien/

曾在江戶時代進行整備工程的涉成園，屬於池泉回遊式庭園，花木扶疏，池庭處處，再加上設計巧絕的亭台樓閣點綴其中，景致宜人。相傳是源氏物語主人翁原型——嵯峨天皇的皇子「源融」的別邸，走進此園，可領受平安時期的園林之美。

Jimukiro-Uedaビル

info 京都市下京區五条通高倉角堺町21
Jimukinoueda bldg. 1F(& PAPERS)、
3F-303(BOX&NEEDLE)➔電話：& PAPERS
075-354-0351；BOX&NEEDLE 075-748-1036➔
時間：& PAPERS 10:00～18:00；BOX&NEEDLE
週五13:00～18:00、週六日12:00～18:00➔休日：
& PAPER週三、不定休；BOX&NEEDLE週一～四
➔網址：(& PAPER) andpapers.com/；
(BOX&NEEDLE) boxandneedle.com/

　Ueda大樓是一棟老大樓，以集結創意工作者進駐賦予大樓新活力，有紙器店、咖啡店及工作室等。推薦3樓的BOX&NEEDLE這家超百年的紙器用品店，有世界各國的紙品以及手工紙製品，想DIY，也有各式課程。

O2 Café (MARNI CAFÉ)

info 京都市下京區五条通新町西入西錺屋町25
つくるビル2F 202号室➔電話：075-344-0155➔
時間：11:30～18:30(L.O.18:00)，鯛魚燒14:00～售
完為止➔休日：週一、不定休➔價格：鯛魚燒
¥400起➔網址：www.facebook.com/
AtelierCafeMalni/

　O2 Cafe所在的つくるビル是一棟超過50歲老公寓，位於2樓的咖啡廳佈置相當舒適，老闆料理手藝了得，以京都美味食材烹調出各式創意菜，當然若錯過用餐時間，這裡也是喝咖啡享受安靜一隅的好去處，記得多點上一條熱門必吃甜點──鯛魚燒。

月屋

info 京都市下京區新町通五条下る蛭子町
139-1➔電話：075-353-7920➔時間：check in
16:00～21:00、check out 11:00➔價格：兩人一室
1人¥5000起➔網址：tsukiya-kyoto.com

　由知名的guest house錺屋主人所經營的二號店，是間有著泡澡空間、提供手作早餐、並且一日限定四組客人入住的B&B民宿。建築改建自九十多年歷史的老町家，從建材細節到室內布置，在在能感受到於京都出生長大的主人，對傳統物件與生活的愛惜之情。

▼P.078 安井金比羅宮

▼P.093 晴明神社

▼P.096 鳥岩樓

N

北大路BT

大徳寺前

千本今出川

▼P.070
清水寺

東山三条　　祇園　　清水道

▼P.067
蓮華王院　三十三間堂

博物館
三十三間堂前

▼P.067
京都国立博物館

▼P.068
Kaikado Café

烏丸七条
京都駅前

市巴士 206

京 都 古 美 術 典 藏 世 界

博物館
三十三間堂前

博 物館三十三間堂這一站有兩大重要景點，正如公車站的名稱，便是供奉著千座觀音的佛教聖地三十三間堂，與收藏京都宗教美術的京都國立博物館。基本上來到這兩個景點便足以消耗半天以上的時間，再搭配周邊的咖啡廳、和菓子老舖，慢活一點的人逛個一天才會足夠。除了搭乘公車前來，也可以搭乘京阪電車至七条駅下車，交通算是十分方便。

怎麼到

想要逛京都博物館、三十三間堂，可直接搭至博物館三十三間堂前巴士站下車最近。另外東山七条、七条京阪前等站也在徒步範圍內。

搭乘京阪電車本線至七条駅下車即達。

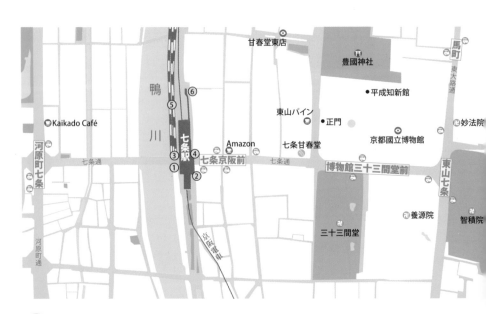

博物館三十三間堂前巴士站

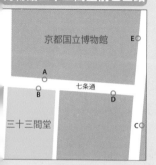

- ●A市巴士往【四条河原町・清水寺・北大路BT】86・206・208
- ●B市巴士往【京都駅・大德寺】206・208
- ●C市巴士往【東寺・東福寺】202・207・208
- ●D市巴士往【京都駅】206・208
- ●E市巴士往【四条河原町・清水寺・北大路BT】202・206・207

京都国立博物館

info 京都市東山區茶屋町527➔電話：
075-525-2473➔時間：名品Gallery常設展
9:30~17:00(入館至16:30)，特展期間
9:00~17:30(入館至17:00)➔休日：週一(遇假日
順延翌日休)、年末年始、不定休(詳見官網)➔價
格：名品Gallery常設展成人￥700，大學生
￥350，高中生以下、70歲以上免費；特展期間
成人￥1800，大學生￥1200，高中生￥700，國中
生以下免費➔網址：www.kyohaku.go.jp/jp/➔
注意：特展期間名品Gallery常設展不開放參觀

　国立博物館收藏的京都美術、工藝品種類
豐富，且數量超過一萬件，每一件都是相當
珍貴的文化遺產；明治古都館本身為文藝
復興風格的磚造樓房，也是日本重點文化
財之一。由知名設計家谷口吉生設計的平成
新館於2014年開幕，室內氛圍典雅，現代
化設計融和古意，館內收藏品以日本古老
佛教文化為主，帶人一窺京都的文化核心。

蓮華王院　三十三間堂

info 京都市東山區三十三間堂廻リ町657➔電
話：075-561-0467➔時間：8:00~17:00(11/16~3
月9:00~16:00)，入堂至閉門前30分鐘➔價格：成
人￥600，國高中生￥400，小學生￥300➔網址：
www.sanjusangendo.jp

　三十三間堂意指「以柱隔間，共有三十三
室的大殿」，而每一間室堂內都是觀音佛
像，總計有一千零一座，正式的名稱為蓮華
王院。位居所有佛像正中間的「坐姿千手觀
音」眼鑲水晶，雕工細膩，乃出自鎌倉時代
(1192~1333)名雕刻師湛慶之手，是日本有
名的國寶。雖名為「千手」觀音，但其實每
個觀音共有四十隻手，而每一隻手又都握有
二十五種拯救塵世的法器；此外，千也代表
了「無限無量」，故稱為千手觀音。

丸福樓

info 京都市下京區正面通加茂川西入鍵屋町342➔電話：075-353-3355➔時間：check in 15:00、check out 12:00➔價格：二人一室一泊三食￥59400起➔網址：marufukuro.com

這棟建於1930年、位於京都鍵屋町的老建築，外型結合昭和初期洋式建築風格，是任天堂誕生的地方，也是創業者山內一家子居住的所在。改裝後以新名稱「丸福樓」在2022年全新開幕。過去建樓時設計的特色，在建築大師安藤忠雄的巧思下，窗架上鏤空雕花、牆面上的雲彩花卉，都選自花牌上的圖樣，也是暗藏在丸福樓裡的各種花牌痕跡。門面上的丸福標誌，沿用了任天堂前身「株式會社丸福」的商標，飯店內處處可見刻意保留下來的舊時風華。

Kaikado Café

info 京都市下京區河原町通七条上ル住吉町352➔電話：075-353-5668➔時間：11:00~18:30(L.O.18:00)➔休日：週四、第1個週三、夏季臨時休業、年末年始➔價格：咖啡￥850起、茶類￥850起➔網址：www.kaikado-cafe.j

開化堂是京都知名的老舖，專賣手工茶筒，每個要價不斐。由這樣老舖所開設的咖啡廳，自然每一個小細節都十分講究。改裝自京都市電的車庫兼事務所，洋式建築十分古典，室內則大量運用木質與金屬，現代明亮開放的感覺，配上北歐風格桌椅、各種京都職人工藝器具，和洋融合出自我風格

七条甘春堂 且坐喫茶

info 京都市東山區七条通本町東入西の門町551➡電話：075-541-3771➡時間：9:00~18:00
價格：抹茶パフェ(抹茶聖代)￥1210➡網址：www.7jyo-kansyundo.co.jp

創始於江戶末期的甘春堂，藉由菓子職人的手，一代一代將傳統京菓子美味傳承下來，至今已經第七代了。除了和菓子的販賣之外，甘春堂也開設茶房「且坐喫茶」，提供多種和菓子套餐；另外在這裡還能夠體驗手工製作和菓子，需要2人以上同行且事前預約才可以。

甘春堂東店

info 京都市東山區大和大路通正面下る茶屋町511-1(豊国神社前)➡電話：075-561-1318➡時間：9:00~17:00，2F茶房 擇10:00~17:00(L.O.16:45)；和菓子體驗(75分/場)一天4場：9:15、11:00、13:00、15:00➡價格：大仏餅￥141；和菓子體驗￥2750➡網址：www.kanshundo.co.jp➡注意：需2人以上才開課

每一顆可愛的和菓子，都有背後的故事和代表的季節意義。在甘春堂東店的課堂上，有機會使用木形、篩網、布巾等各種道具，以不同技巧做出和菓子，並享受手作和菓子的趣味與成就感。

全京都最熱鬧的觀光區

清水道

寺院、古民家,長長斜斜的石疊小徑兩旁盡是木窗烏瓦的二層樓京風建築,穿著豔色和服的真假舞妓穿梭其中,許多典型京都風情都可在此一次見到。二年坂、三年坂、高台寺和寧寧之道一帶久享盛名,終日遊客成群;石塀小路時常清幽無人,隱身其中的石塀喫茶則非常有社區咖啡店安靜氣氛,閑坐聊天可以感覺京都時間特有的閑靜魅力。

清水道巴士站

●A 市巴士往【京都駅‧東福寺】
202‧206‧207
●B 京阪巴士往【小野‧醍醐】
83A‧85‧87‧88
●C 市巴士往【祇園‧四条河原町
‧銀閣寺】80‧202‧206‧
207

清水寺

info 京都市東山區清水1-294➔電話:075-551-
1234➔時間:6:00~18:00(7‧8月至18:30)‧夜間特別
拜觀春櫻、千日詣り、秋楓至21:30(售票至21:00)➔
價格:高中生以上¥400、國中小學生¥200➔網址:
www.kiyomizudera.or.jp

清水寺建於西元798年,是平安時代建築物。由於曾經多次遭受祝融之災,目前所見是1633年時依照原貌重建的。沿著清水坂走向清水寺,首先看到清水寺巍峨的紅色「切妻」式仁王門。本堂正殿中央,供奉著一尊十一面千手觀音,這座十一面、四十二臂的千手觀音比一般十一面、四十臂的千手觀音多了二臂,最上面左右兩臂上各捧著小如來像,所以又有「清水型觀音」之稱。

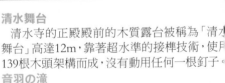

清水舞台
清水寺的正殿殿前的木質露台被稱為「清水舞台」高達12m,靠著超水準的接榫技術,使用139根木頭架構而成,沒有動用任何一根釘子。

音羽の滝
清水寺後方的音羽の滝,相傳喝了這裡的水可以預防疾病與災厄,因此又有「金色水」「延命水」的別稱,為日本十大名水之一。

夜間點燈
每年到了春櫻秋楓之時,清水寺都會開放夜間特別拜觀,讓人在夜間欣賞京都的最佳美景。

歷 到

 搭乘公車至清水道巴士站下車，過馬路即是東山一帶。除了清水道巴士站之外，同樣的公車皆可直接於東山安井巴士站下車，可依想去的地點做調整。

由於清水寺一帶與祇園、四条河原町鄰近，且沿路景點、商店密集，如果體力OK的話，很建議用徒步串聯這三區，邊走邊逛。

高台寺

info 京都市東山區高台寺下河原町526→電話：075-561-9966→時間：9:00～17:30(售票至17:00)，夜間特別拜觀17:00～22:00(售票至21:30)→價格：成人￥600，國高中生￥250，含掌美術館門票；高台寺、掌美術館、圓 院三處共同拜觀券￥900→網址：www.kodaiji.com

高台寺是豐臣秀吉將軍逝世後，秀吉夫人「北政所寧寧」(ねね)晚年安養修佛的地方，建於慶長10年(1605)，開山堂、靈屋、傘亭、時雨亭等都是國寶級古蹟。高台寺也是京都賞櫻、紅葉名所之一，尤其夜晚的點燈活動，是一年一度遊客最期待的花見樂事。

圓德院

info 京都市東山區高台寺下河原町530→電話：075-525-0101→時間：10:00～17:30(售票至17:00)→價格：成人￥500，國高中生￥200；高台寺、掌美術館、圓 院三處共同拜觀券￥900→網址：www.kodaiji.com/entoku-in

圓德院為高台寺的塔頭之一，以優美的庭園造景聞名，據說北政所寧寧晚年16年就是住在這裡，於是成為眾人前來尋幽之處。圓德院最有看頭的庭院「北庭」是由伏見城北政所前庭所移築過來的池泉回遊式庭園，由小泉遠州改為枯池泉座視式，用假山巨石、枯瀑、枯池、石橋等營造出枯山水的趣味，是日本少見的庭園。

京都地主神社

info 京都市東山區清水1-317➔電話：075-541-2097➔時間：9:00~17:00➔價格：自由參拜➔網址：www.jishujinja.or.jp➔注意：2020年8月19日起進行為期3年的社殿修復工事，不開放參拜

地主神社奉祀姻緣之神，正殿前方有一對相距17至18公尺的「戀占之石」，聽說信男信女只要蒙起眼睛，口中唸著愛慕者名字，從這顆石頭走到那顆石頭，日後都可成就美滿姻緣。

卍 八坂之塔

info 京都市東山區八坂上町388➔電話：075-551-2417➔時間：10:00~15:00➔價格：國中生以上¥400➔注意：不接受國中生以下參觀

沿著八坂通的上坡道前行，可以見到坂道盡頭高處黝黑的「八坂之塔」，也是東山地區的象徵。「八坂之塔」相傳是在1500年前聖德太子所建，保留了日本現存最古老、白鳳時代的五重塔樣式。經過多次祝融之災，現在的塔身建築是西元1440年由幕府將軍足利義教重建。走下八坂通時，別忘了背對東大路通，回頭看看「傾斜坂道通往高處的八坂之塔」，可是東山區最具代表性的一席風景。

卍 八坂庚申堂

info 京都市東山區金園町390➔電話：075-541-2565➔時間：9:00~17:00➔價格：自由參拜

熱鬧的八坂通上除了各式小店與八坂之塔串起的好拍街景外，八坂之塔不遠處的庚申堂前的菩薩像，掛著許多色彩鮮豔的布猴子「くくり猿」，買一個¥500的布猴子，寫下自己的願望在上面後掛在庚申堂，據說可讓願望實現。

%ARABIKA

info 京都市東山區星野町87-5➔電話：075-746-3669➔時間：9:00~18:00➔休日：不定休➔價格：拿鐵￥400起➔網頁：www.arabica.coffee

%ARABIKA是來自香港的品牌，店主山口淳一於2014年得到了世界拉花冠軍的殊榮，現在也是每天站在店頭為客人拉花。不只拉花技巧純熟，自家烘焙的豆子香味宜人，入口不苦不澀，且全店不同於古都氣氛，透明玻璃與原木裝潢，牆上的世界地圖點綴著，味覺就這麼跟著咖啡一同旅行於世界中。

JIZO堂

info 京都市東山區清水4-163➔電話：075-561-8216➔時間：10:00~18:00➔休日：不定休➔網址：www.jizodou.jp

從公車牌沿著清水坂往清水寺前進的路上就會發現這麼一家可愛小店JIZO堂，店內所有的可愛陶瓷器皿通通由女性設計師主導製作，既然以「地藏」為名，最多的就是可愛的地藏相關商品，只見掛上佛珠的地藏可以裝鹽、當酒瓶，還是花器，難怪總擠滿了女性驚呼「卡哇伊」！

十文堂

info 京都市東山區玉水町76➔電話：075-525-3733➔時間：11:00~18:00(L.O.17:30)➔休日：週三、四➔價格：団楽(五種糰子)￥720，抹茶らて(抹茶拿鐵)￥550➔網址：jumondo.jp

十文堂以伴手禮「鈴最中」走紅，而其的炙烤糰子近來也是人氣上升，小小的店面裡總是擠滿人，等著品嚐這小巧又可愛的烤糰子。烤糰子份量不大，每一種口味一口就能吃下，吃完不太飽，也滿足了口腹之慾，東山散步途中不妨來這裡休息一下。十文堂的招牌「団楽」有五種口味，份量不大，一口一種口味，吃完剛剛好。

無碍山房 Salon de Muge

info 京都市東山區下河原通高台寺北門前鷲尾町524→電話：075-744-6260；075-561-0015(預約電話)→時間：午餐「時雨弁当」（預約制）11:30～13:00，喫茶11:30～18:00(L.O.17:00)→休日：第1、3個週二、年末年始→價格：濃い抹茶パフェ(濃抹茶聖代)￥1601，時雨弁当￥5001→網址：kikunoi.jp/kikunoiweb/Muge→注意：不接受6歲以下兒童入店

老舖料亭菊乃井所開設的咖啡沙龍Salon de Muge，以時段區分餐點，中午提供風雅的日式便當，下午則是各式甜品與飲料，價格雖然較高，但提供的服務、空間與餐點皆比照料亭的規格，摩登中不失京都風味，是想品嚐米其林三星料亭滋味的入門首選。推薦在午後散步來這裡，品嚐超濃的抹茶聖代，或是嚐杯講究的紅茶，一邊欣賞小巧精緻的庭園空間，享受愜意時光。

七味家

info 京都市東山區清水2-221清水寺參道→電話：075-551-0738→時間：9:00～18:00(冬季至17:00)；清水寺夜間拜觀期間至21:00→價格：七味袋(七味辣椒粉)15g袋裝￥864→網址：www.shichimiya.co.jp

就位在三年坂與清水坂交叉路口的七味家是一家擁有350年歷史的老舖，看似不起眼的店內賣得可是京都人必備的七味粉，七味指的是各種香辛料的組合，包括辣椒、白薑、麻種、紫蘇、陳皮、山椒、胡椒等，吃起來除了辣味之外還帶有獨特香氣。

鍵善良房 高台寺店

info 京都市東山區下河原通高台寺表門前上ル→電話：075-525-0011→時間：10:00～18:00(L.O.17:30)→休日：週三(遇假日順延翌日休)→價格：葛きり(葛切涼粉)￥1100→網址：www.kagizen.co.jp

有百年歷史的鍵善良房是京都有名的甘味舖，其中又以像洋菜般透明的「葛切涼粉」最出名，冰涼的葛切涼粉都是現點現做才能保持新鮮的透明感，吃的時候沾點沖繩產的黑糖蜜，口感滑溜極了。

充滿京味的花街小巷

祇園

祇園，是京都過去最主要的花街，現在則是最讓觀光客著迷之處，花街時代保存至今的茶屋木造建築群讓祇園飄散著濃濃的京味。黃昏時一盞紅燈籠在夜色中搖曳，藝妓和舞妓掀起玄關的暖簾、在街道上碎步行走。不過近來已經較少見到真正的舞妓或藝妓，大多都是觀光客所扮，但仍舊會吸引路上人潮瘋狂拍照。

祇園巴士站

- A市巴士往【平安神宮・銀閣寺】31・46・201・202・203・206
- B市巴士往【東山七条・京都駅】202・206・207
- C市巴士往【四条河原町・上賀茂】12・31・46・80・201・203・207
  京阪巴士往【四条河原町】83・85・87A・88・88C

花見小路
Info 京都市東山區祇園町南側 ➜時間：自由參觀

　　祇園甲部的花見小路是日本名氣最大的花街，精華區主要在四条通南面的一段。以紅殼格子的一力茶屋為起點，可以南行抵達春舞表演的祇園甲部歌舞練場和傳統藝能表演的祇園藝場，運氣好的話在街巷也常能見在茶屋間穿梭趕場的藝妓或舞妓。

怎麼到

 搭乘至祇園巴士站下車，過馬路即是東山一帶。由於鄰近東山，所以也可以在清水道、東山安井巴士站下車，徒步串聯。

🚆 京阪電車本線祇園四条駅下車出站就是川端通與四条通交叉路口，上演傳統戲劇歌舞伎的祇園南座就在旁邊，沿著四条通往東盡頭正是八坂神社。從京阪電車本線三条駅下車出站往南走，即是祇園北邊的白川巽橋一帶。

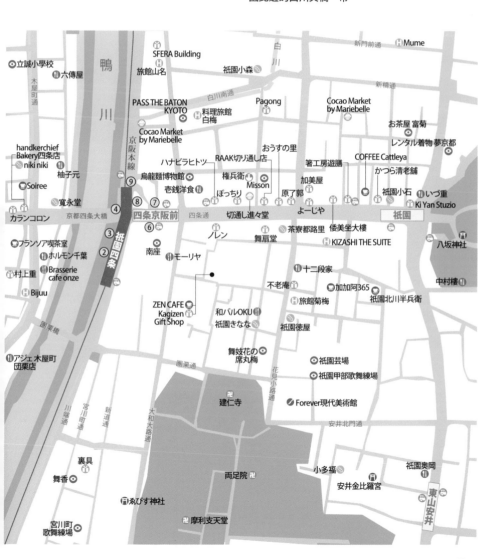

安井金比羅宮

info 京都市東山區東大路松原上ル下弁天町70➡電話：075-561-5127➡時間：自由參觀；繪馬館、玻璃館10:00~16:00；授与所(販售御守、繪馬等)9:00~17:30➡休日：繪馬館+玻璃館：週一(遇假日順延翌日休)、年末➡價格：自由參拜；繪馬館+玻璃館成人￥500，高生生以下￥400，未就學兒童免費➡網址：www.yasui-konpiragu.or.jp

　　安井金比羅宮是間以保佑結良緣、斬惡緣而聞名的神社，境內最醒目的是個覆滿白色籤紙、中間有開口的大石，名叫「緣切緣結碑」，只要先在籤紙上寫下願望，再穿過中間的洞口，願望就能實現。如果祈求良緣，要從石洞的裏口(うら)爬到表口，想切斷惡緣則反過來從表口往裏口，可千萬別弄錯了。

八坂神社

info 京都市東山區祇園町北側625➡電話：075-561-6155➡時間：自由參觀➡價格：自由參拜➡網址：www.yasaka-jinja.or.jp/

　　從東大路通上的階梯拾級而上，香火鼎盛的八坂神社，是關西地區最知名且歷史悠久的神社之一，京都人暱稱它為「祇園さん」。八坂神社和圓山公園相通，傳說因為昔日災疫不斷而建廟祈願，是京都藝妓們經常造訪的寺廟，也是京都商人們的信仰。八坂神社拜的是保佑商家生意興隆、消災解厄的神衹，建築獨特的神社大殿被稱為「祇園造」，是日本獨特的神社建築，最早的記載見於西元925年。

美御前社

info 八坂神社境內➡時間：自由參觀➡價格：自由參拜➡網址：www.yasaka-jinja.or.jp/about/utukushisha.html

　　來到八坂神社很多人大都只是穿越過去，並不會停留太多時間。下次再經過時，不妨到裡頭的美御前社參拜一下喔。這裡主祭「宗像三女神」，是祈求身心靈都美的地方，因此大受藝妓及女性從事美容工作者的崇敬，當然男生也適合來參拜，畢竟不論男女大家都想美美的啊。

建仁寺

> info 京都市東山區大和大路通四条下ル小松町
> →電話：075-561-6363→時間：
> 10:00~16:30(17:00關門)→價格：成人￥600，國
> 高中生￥300，小學生￥200，未就學兒童免費→
> 網址：www.kenninji.jp

建仁寺創建於建仁2年(1202)，是日本最古老的禪寺，也是日本禪宗臨濟宗的名剎，端寧的氣氛和不遠處藝妓穿梭的花街彷彿是兩個世界。境內迦藍配置從勅使門、三門、佛殿、本坊、方丈等都在一直線上，非常壯觀，除了以枯山水知名的方丈庭園之外，名畫師俵屋宗達的「風神雷神圖屏風」和法堂大天井上的「大雙龍圖」都是參觀的重點。

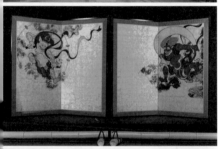

両足院

> info 京都市東山區大和大路通四条下る4丁目小
> 松町591(建仁寺山境內)→電話：075-561-3216→
> 時間：每年冬季、初夏開放特別拜觀，特別拜觀
> 期間10:00~16:00(16:30關門)，詳見官網→價
> 格：特別拜觀成人￥1000，國高中生￥500→網
> 址：www.ryosokuin.com

兩足院位於建仁寺腹地內，環境清幽、別有一番天地。穿過寺舍與坪庭「閼伽井庭」，迂迴之後映入眼簾的，是本堂外的枯山水「方丈前庭」，松木、嶙石，濡濕的苔原散發瀅瀅光澤，本堂供養著阿彌陀如來，香煙裊裊。拐過簷廊進入書院，自聯翩的玻璃障子向外望，池泉回遊式的「書院前庭」宛如卷軸般展開，草木扶疏、流水蜿蜒，饒有趣致。

摩利支天堂

> info 京都市東山區大和大路通四条下る4丁目小
> 松町146→電話：075-561-5556→時間：
> 10:00~16:30→價格：自由參拜→網址：
> zenkyoan.jp/

兩足院位於建仁寺腹地內，環境清幽、別有一番天地。穿過寺舍與坪庭「閼伽井庭」，迂迴之後映入眼簾的，是本堂外的枯山水「方丈前庭」，松木、嶙石，濡濕的苔原散發瀅瀅光澤，本堂供養著阿彌陀如來，香煙裊裊。拐過簷廊進入書院，自聯翩的玻璃障子向外望，池泉回遊式的「書院前庭」宛如卷軸般展開，草木扶疏、流水蜿蜒，饒有趣致。

祇園小森

info 京都市東山區新橋通大和大路東入元吉町61→電話：075-561-0504→時間：11:00～20:00(L.O.19:30)→休日：週三(遇假日照常營業)→價格：わらびもちパフェ(蕨餅聖代)￥1630→網址：www.giwon-komori.com/

ぎおん小森位在祇園白川旁，建築的前身為藝妓表演的茶屋，飄散著濃濃的京都花街風情。這裡專賣和風甜品，使用的素材像是大納言、吉野葛、柳櫻園抹茶等，每一樣都是最上等的材料，讓人吃來格外安心。

茶寮都路里 祇園本店

info 京都市東山區四条通祇園町南側 573-3 祇園辻利本店 2、3F→電話：075-551-1122→時間：10:00～21:00→休日：不定休→價格：特選グリーンティーフロート(特選抹茶漂浮)￥550→網址：www.giontsujiri.co.jp

茶寮都路里是京都最受歡迎的甘味店，門口總是大排長龍，真材實料用上等宇治抹茶做的各式聖代冰品讓人讚不絕口，聖代裡除了抹茶霜淇淋，還添加了甘栗、抹茶蜂蜜蛋糕塊、抹茶果凍，讓人吃了還想一口接一口。

祇園 北川半兵衛

info 京都市東山區祇園町南側570-188→電話：075-205-0880→時間：11:00～22:00(夜咖啡18:00～22:00)→休日：不定休→價格：茶詠み～お茶五種飲み比べ一口菓子つき(5種茶與甜點套醬)￥2800→網址：gion-kitagawahanbee.kyoto/

北川半兵衛是創業於1861年的宇治老茶舖，改建自老町屋的空間歷史感中又帶點城市的優雅，1樓的吧台面對著坪庭、2樓隔出各空間皆充滿大人的沉穩氣氛。這裡提供的餐點，主要以茶品為主，但也備有咖啡供人選擇。

よーじや 祇園店

info 京都市東山區祇園四条花見小路東北角→電話：075-541-0177→時間：11:00~19:00→價格：あぶらとり紙5冊(吸油面紙5組)¥1960→網址：www.yojiya.co.jp

よーじや的吸油面紙是京都最有人氣的必買名物，帶有金箔成份的吸油面紙吸油力特強。此外像是純植物性的香皂、彩妝用品、化妝水、化妝工具、柚子口味的護唇膏等，都很受顧客歡迎，也是大家來這裡的首要搶購目標。

お茶屋 富菊

info 京都市東山區祇園町北側347→電話：075-561-0069→價格：依方案而異→注意：需一週前電話預約

一般想要親近藝妓，多數還是得透過茶屋或料亭安排宴席，而富菊的女將富森れい子女士是京都少數「國際派」的女將，不單本身會說英文，旗下的富津愈更是擁有留學紐西蘭四年的經驗，2013年7月正式出道時在媒體上造成不小的騷動。所以除了提供給熟客的宴席與舞妓派遣之外，亦推出各式與舞妓同樂的輕體驗，讓一般普羅大眾、乃至於外國朋友都可以近距離接觸這些傳統文化傳承者。

金竹堂

info 京都市東山區祇園町北側263→電話：075-561-7868→時間：10:00~20:00→休日：週四

舞妓們搖曳生姿的儀態，雪白臉蛋配上髮頂那一串串美麗的飾品，美麗不可方物。舞妓頭上的髮飾稱為「花簪」，會依四季花卉、節令而有所改變，最是色彩繽紛。金竹堂便是製作這種花簪的老舖，創業於江戶末期，也是目前唯一仍手工製作舞妓用花簪的店舖。

二軒茶屋 中村楼

info 京都市東山區祇園町八坂神社鳥居→電話：075-561-0016→時間：11:30～14:00，17:00～19:00→休日：週三（遇假日照常營業）→價格：懷石料理午餐￥7150起，晚餐￥16445起→網址：www.nakamurarou.com/

要品嚐道地的懷石料理，又稱「二軒茶屋」的「中村樓」絕對是獨一無二的選擇。一開始只是單純賣茶水，愈來愈知名便於明治時代後興建壯觀的料亭建築。前來用餐的大多是文人墨客、官場名流，其贈與的珍貴字畫藝術品仍展示在各餐室中，為中村樓增加風雅氣質。

長樂館

info 京都市東山區八坂鳥居前東入円山町604→電話：075-561-0001→時間：咖啡廳11:00～18:30(L.O.18:00)→價格：長樂館咖啡￥900、ショートケーキ（草莓切片蛋糕）￥700→網址：www.chourakukan.co.jp

已經被京都市政府指定為有形文化財的長樂館是1909年完工的洋風建築，外觀為文藝復興式樣，昔日曾經是京都的迎賓館，伊藤博文等許多名人都曾造訪，如今這裡是餐廳、咖啡廳與飯店，內部也有許多古董家具。較可惜的是如果沒有消費，一般人無法進入參觀。

祇園麵処 むらじ祇園本店

info 京都市東山區清本町373-3→電話：075-744-1144→時間：13:30～15:00，17:00～22:00，週六日例假日11:30～22:00→價格：檸檬拉麵￥1080→網址：ramen-muraji.jp

祇園麵処むらじ位在北側的小巷弄中，一樓為隱秘的吧台區，二樓則是以季節花卉裝飾的町家空間。招牌便是充滿檸檬香氣的雞白湯拉麵；雞白湯超級濃，感覺膠原蛋白滿滿滿，吃完皮膚好像變得膨皮膨皮得，深受女性歡迎！

知恩院

info 京都市東山區林下町400→電話：
075-531-2111→時間：5:40~17:30(依季節而異，
詳見官網)，方丈庭園9:00~15:50，友禅苑
9:00~16:00→價格：方丈庭園高中生以上
¥400，國中小學生¥200；友 苑高中生以上
¥300，國中小學生¥150；共通券(售票至15:20)
高中生以上¥500，國中小學生¥250→網址：
www.chion-in.or.jp

　知恩院是日本淨土宗的發源地，西元1175
年法然上人悟道後在知恩院現址立廟、傳
道。之後陸續得到織田信長、豐臣秀吉、德
川家康的庇護與支持，成為遠近馳名的寺
院。在正出入口處雄偉壯觀的木造塔門，
已有三百多年的歷史，也是日本最大的寺
廟塔門。寺內北東兩方另有側堂(日文稱為
「大方丈」、「小方丈」)，是江戶時期以來
同型建築中最具代表性的傑作，裡面還有
日本畫家狩野尚信、信政、興以等人的刻畫
作品。知恩院重達70噸的青色大鐘，鑄於西
元1636年，是重要文化財之一。每年12月31
日，17人合力敲響108響「除夜之鐘」，總是
吸引著絡繹不絕的參拜人潮，渾厚的鐘聲
迴蕩在古老東山區，可說是代表性的京都
冬夜風物詩。

青蓮院

info 京都市東山區粟田口三条坊町→電話：
075-561-2345→時間：9:00~17:00(售票至
16:30)；春櫻秋楓夜間特別拜觀18:00~22:00(售
票至21:30)→價格：成人¥500，國高中生¥400，
小學生¥200；春櫻秋楓夜間特別拜觀成人
¥800，國高中小學生¥400→網址：www.
shorenin.com

　青蓮院是賞櫻和觀楓名所，寺廟建築相傳
是在平安時代從比叡山的青蓮院移築而來，
歷代住持都是由出家的皇室親王擔任，光格
天皇在皇居失火燒燬時也曾在此暫住，可見
青蓮院與皇家的關係深遠；因此，境內的建
築如宸殿、小御所、華頂殿等都帶著貴族般
的高雅氣質。以龍心池為中心的池泉回遊式
庭園，據說是室町時代的畫家相阿彌所建，
北側以杜鵑花聞名的霧島之庭，則為江戶時
代的茶師小堀遠州所修築。

感 受 西 陣 的 生 活 況 味

千本今出川

千本今出川巴士站位在西陣與北野天滿宮之間，要遊玩兩區都要再走一些路。西陣指的是一個區域，泛指東到堀川通、北到鞍馬通、西到七本松通、南到中立売通的範圍。雖然這區地鐵交通較為不便，但南邊是二条城，東邊是京所御苑，西邊是北野天滿宮，所以在做這三個地方的行程時，不妨也可以就近來到西陣散步。來到西陣，千萬別錯過穿梭在小巷子裡的機會。有時候不妨就隨意走走，看到小路就鑽進去吧！街角的小咖啡廳、飄來香氣的食堂、散發幽靜氛圍的神社寺廟，京都的悠閒況味全都集結在這裡。

怎麼到

搭乘公車至**千本今出川**巴士站下車，詳見巴士站牌對應一欄。往東走即是西陣一帶，往西走便到上七軒、北野天滿宮一帶。若要直接到晴明神社，可搭至**堀川今出川**巴士站下車。

千本今出川巴士站

●A市巴士往【出町柳・四条河原町・京都駅】51・59・201・203
●B市巴士往【四条烏丸・祇園】6・10・46・55・201
●C市巴士往【二条城・京都駅】6・50・206
●D市巴士往【金閣寺・北大路BT】10・50・51・55・201・203
●E市巴士往【上賀茂・北大路BT】36・46・59・206

晴明神社

info 京都市上京區堀川通一条上ル晴明町806➡電話：075-441-6460➡時間：9:00~17:00(授与所至16:30)➡價格：自由參拜➡網址：www.seimeijinja.jp

　晴明神社供奉的是平安時代的御用陰陽師(風水師)安倍晴明，由於這裡曾是其昔日居所，進而建造神社。陰陽師負責天文、氣象、曆法、占卜等術，傳說擁有降魔除厄的道法，安倍晴明就是其中法力特高，最知名的陰陽師，留下許多傳奇故事，還曾拍成電影，每年9月22、23日在神社前會舉辦多達400人的古裝祭典追祀。

一条戾橋

　傳說晴明將式神(聽從召喚的靈體)藏在橋下，只要有人經過他便會知曉。真正的一条戾橋位在神社不遠處，而境內的縮小版則是供人憑弔。

晴明井

　京都名水之一，據傳有治療百病的功效。每到立春時節，社方人員會依照天干地支來調整水流方位，十分有名。

厄除桃

　自古以來，桃子被陰陽道認為是除厄的果實，瘋狂的日本人更深信把手機的桌面改成厄除桃的照片，便能招來好運。來到這裡別忘了來摸一摸，感受晴明的威力。

西陣織會館

info 京都市上京區堀川通今出川南入➡電話：075-451-9231➡時間：10:00~16:00（週六日力假日17:00）➡休日：週一（遇假日順延翌日休）、12/29~1/3➡價格：自由參觀，租借和服（預約制）¥3300~16500➡網址：nishijin.or.jp/nishijin_textile_center/➡注意：3F和服秀目前暫停舉辦

京都傳統工藝中與穿有關的首推西陣織與京友禪。西陣是地名，自十五世紀起，織物職人們慢慢在這一帶聚集，製造於此的華美織品，於是被稱為西陣織。西陣織會館中可以看到西陣織的發展歷史及手織機的現場表演，還可以欣賞彷如時裝發表會的和服秀。

織成館

info 京都市上京區淨福寺通上立売上る大黑町693➡電話：075-431-0020➡時間：10:00~16:00休日：週一（遇假日照常開館）、年末年始➡價格：成人¥500、高中生¥400➡網址：orinasukan.com/

1989年開幕的織成館是將昔日西陣織的商店活化再生而成的博物館，過去為西陣織和服綁帶的店舖兼住宅，已有超過70年的歷史，改建時特別留存傳統建築的特色，如今展示來自日本全國的手工織品、和服配飾與傳統衣飾等，可以看到製作工廠，並體驗手工織物的樂趣。

冨田屋

info 京都市上京區大宮通一条上ル石藥師町697➡電話：075-432-6701➡時間：9:00~17:00價格：町家見學＋學習京都文化（45分鐘）¥2020、茶席體驗（15分鐘）¥3030➡網址：www.tondaya.co.jp➡注意：需要事先上網或電話預約，英文可

被登入為國家有形文化財的冨田屋，前身是老和服舖，第十三代繼承人田中峰子希望能夠保存並發揚京都的老文化，因此特地將冨田屋以「西陣生活美術館（西陣くらしの美術館）」的形態公開，讓喜歡京都文化的人都可以來這裡參觀體驗。像是茶道、和服等京都自古以來的生活習慣，還有町家建築的構造、老京都人的生活等，原汁原味的呈現在人們面前。

卍 釘拔地藏

info 京都市上京區千本通上立売上ル花車町503➔電話：075-414-2233➔時間：8:00～16:30➔價格：自由參拜

正式名稱是石像寺的釘拔地藏，相傳堂內的地藏像是由空海大師親手雕刻的，創寺於819年。但之所以以釘拔地藏的名字聞名，據說是因為古時一位受莫名病痛侵擾的富商，夢見了這裡的地藏菩薩從他身上拔出兩根釘子，一覺醒來居然不藥而癒。商人飛奔進寺內，只見地藏像前擺著兩支染血的八吋釘子，這尊地藏菩薩於是被稱為釘拔地藏，據說能替人們拔除疾患苦痛。

🍴 天喜

info 京都市上京區千本今出川上ル上善寺町89➔電話：075-461-4146➔時間：11:30～20:00(L.O.)➔休日：週一(遇假日照常營業)➔價格：平日午間特別會席￥6600➔網址：kyoto-tenki.com

天喜是創業自昭和8年的高級天婦羅專門店，清幽環境吸引許多富商名士，也是將天婦羅帶入京都懷石料理的創始者。富季節感的京野菜以及新鮮魚蝦天婦羅，沾以薄粉輕炸，口味清爽鮮甜，連好萊塢大導演史蒂芬史匹柏都曾是座上客呢！

鶴屋吉信 京都本店

info 京都市上京區今出川通堀川西入る➔電話：075-441-0105➔時間：1F賣店9:00～18:00，2F菓遊茶屋10:00～17:00(L.O.16:30)➔休日：週三➔價格：季節の生菓子とお抹茶(季節和菓子附抹茶組合)￥1210➔網址：www.tsuruyayoshinobu.jp

在全日本擁有超過80家店舖的京都老店鶴屋吉信創業於1803年，最有名的和菓子為美麗的羊羹。這裡的和菓子原料不出糯米、糖與紅豆、大豆之類的穀物，但其千變萬化的美麗造型及精巧的程度常讓人只願欣賞而不忍入口。

鳥岩樓

info 京都市上京區五辻通智恵光院西入ル五辻町75➡電話：075-441-4004➡時間：12:00～14:00，17:00～20:00➡休日：週四（週假日照常營業）➡價格：名代親子丼￥900（供應時間12:00～14:00）

　　原本是以提供水炊き（雞肉火鍋）為主的鳥岩樓，想不到在中午時段推出親子丼後大受歡迎，成為大家口耳相傳的京都必吃美味餐廳之一。鳥岩樓親子丼美味的秘訣就在於熱騰騰的半熟蛋汁上再打上一粒鵪鶉蛋，趁熱將蛋汁與米飯混合，再配上隨飯附上的雞骨湯，香濃滑口的美味不言而喻。

Kitchenpapa

info 京都市上京區上立売通千本東入姥ヶ西町591➡電話：075-441-4119➡時間：11:00～14:00(L.O.13:30)，17:30～20:30(L.O.19:30)➡休日：週四➡價格：お屋のきまぐれハンバーグ(午餐時段漢堡排)￥990➡網址：kitchenpapa.net/

　　Kitchenpapa對美味食物的用心就反應在顧客長長的人龍。由老舖米屋所開設的洋食餐廳，每天提供的米飯是當店最自豪的白米，主廚所選的素材都是當天的新鮮貨，連沾炸蝦的塔塔醬、漢堡排肉醬、沙拉油醋等都是店家親自製作。

dorato 京都西陣本店

info 京都市上京區西陣紋屋町323➡電話：075-411-5101➡時間：13:00～18:00➡休日：週四➡價格：国産ドラート春の蜜(國產dorato春之蜂蜜)180g￥1944➡網址：www.dorato.net/

　　dorato是間隱藏在小巷裡的蜂蜜屋，由古町屋改成的展示空間有著一大面牆的蜂蜜，店主人特地跑遍全世界，將許多特別的蜜帶入日本，其中也有來自台灣的龍眼蜜。難得來到日本，建議可以購買日本產的蜂蜜，品嚐日本限定的甜蜜滋味。

茶房 宗禪 西陣本店

info 京都市上京區寺之内通浄福寺東角中猪熊町310-2→電話：075-417-6670→時間：茶房（預約制）週六日例假日10:30~17:00(L.O.16:30)，賣店10:00~18:00→休日：茶房週一~五，賣店週一、二(週假日照常營業)→價格：京の春まち焼きアイス『五山に降る雪』(燒烤冰淇淋)￥1100→網址：www.souzen.co.jp

位在西陣120年町屋中的宗禪，以和菓子「京あられ(小煎餅)」聞名日本，而其賣店附設的茶房不只提供小煎餅，更是推出多種有趣又好吃的新型和風甜點。從最基本的聖代到最近在年輕女性間流行的「燒烤冰淇淋」，每一樣都很美味。

Cafe Rhinebeck

info 京都市上京區大宮通中立売上ル石薬師町692→電話：075-451-1208→時間：9:00~18:00(L.O.17:30)→休日：週二、三→價格：バナナキャラメル(香蕉焦糖鬆餅)￥1000→網址：www.matsunosukepie.com

由老町家改建的Cafe Rhinebeck除了提供一個休閒的地方之外，還有設立小畫廊供人參觀。這裡的鬆餅吃起來鬆軟可口，加上各式佐料，香甜不膩；西陣的下午，就該在這樣的町家中悠閒度過。

卯晴

info 京都市上京區大宮通笹屋町下ル石薬師町689-13→電話：075-441-4772→時間：11:30~17:00→休日：週日、例假日→價格：任選紅茶+現烤派￥850→網址：www.uharu.com

喜愛紅茶的女主人特地選在西陣的老町家開設了可愛的紅茶小舖。嚴選自然農法栽培的紅茶，讓人能夠安心飲用。每一款紅茶的產地不同、特性不同、泡法不同，在這裡，女主人都會親切為你解說。

▼ P.109

哲學之道

▼ P.104

永観堂

▼ P.111

銀閣寺 喜み家

▼ P.102

京都modern terrace

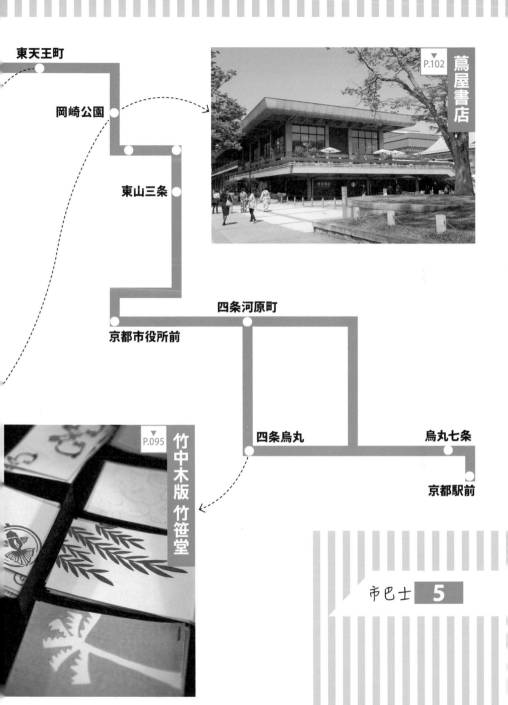

東天王町

岡崎公園

東山三条

▼ P.102
蔦屋書店

四条河原町

京都市役所前

四条烏丸

烏丸七条

京都駅前

▼ P.095
竹中木版 竹笹堂

市巴士　5

串聯四条河原町繁華街

四条烏丸

四 條烏丸位在四条河原町繁華街區的另一側，整體一氣呵成，是京都市中心最繁華的逛街中心。這裡不但離錦小路很近，百貨、小巷弄裡的店舖也不少，從這裡開始往東逛去還能連接祇園、八坂神社一帶，很適合邊走邊逛，一起串聯。

四条烏丸巴士站

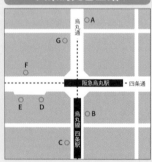

- ●A市巴士往【高野‧岩倉】31
- ●B市巴士往【京都駅】5‧26‧43‧京大快速
- ●C市巴士往【平安神宮‧銀閣寺】5
- ●D市巴士往【四条大宮‧北野天滿宮】12‧32‧46‧52‧55‧201‧207
- ●E市巴士往【北野白梅町‧嵐山】3‧8‧11‧13‧26‧27‧29‧91‧203
- ●F市巴士往【出町柳‧四条河原町】3‧11‧12‧32‧46‧201‧203‧207
- ●G市巴士往【高野‧岩倉】65‧京大快速

古今烏丸

info 京都市下京區烏丸通四条下ル水銀屋町620→電話：075-352-3800→時間：11:00~0:00→休日：不定休→網址：www.coconkarasuma.com

位在京都四条烏丸的古今烏丸將舊有建築重新再利用，外觀充滿日本傳統風的唐長文樣，由知名建築師隈研吾操刀，以生活美學為提案的各家店舖深受輕年喜愛，如北歐設計魅力的Actus、和風唐紙的KIRA KARACHO、百種色彩絢爛且香氣各異的線香lisn等，異國風美食餐廳則以現代和風的氣氛讓料理更添美味。

大丸 京都店

info 京都市下京區四条通高倉西入立売西町79→電話：075-211-8111→時間：10:00~19:00(B1~2F至20:00)→休日：1/1→網址：www.daimaru.co.jp

大丸百貨是京都婆婆媽媽們的最愛，地下一樓的美食區包括京都特色的老舖和菓子和各種讓人垂涎三尺的西洋甜點，還有近20家專賣熟食的店舖，鰻魚、玉子燒、天婦羅、烤雞串等，美味程度和旁邊的錦市場相比可是毫不遜色。

麼到

🚌 搭乘公車至四条烏丸巴士站下車即達，詳見巴士站牌對應一欄。也可搭至四条高倉、烏丸三条、烏丸御池等巴士站下車，都在遊逛範圍之內。

🚇 搭乘京都地下鐵烏丸線至四条駅下車；阪急電鐵京都本線至烏丸駅下車。

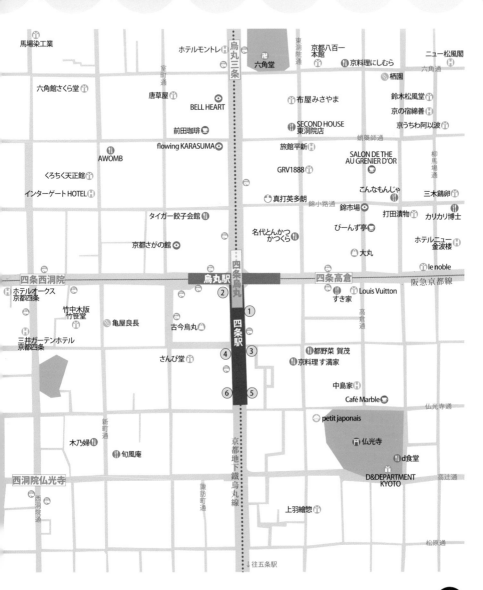

馬場染工業
ホテルモントレ
六角堂
東洞院通
京都八百一本館
京料理にしむら
ニュー松風閣
六角通
栖園
六角館さくら堂
唐草屋
室町通
BELL HEART
布屋みさやま
鈴木松風堂
京の宿綿善
前田珈琲
SECOND HOUSE 東洞院店
京うちわ阿以波
flowing KARASUMA
烏丸三条
旅館平新
納藥師通
AWOMB
SALON DE THE AU GRENIER D'OR
柳馬場通
くろちく天正館
GRV1888
こんなもんじゃ
三木鶏卵
インターゲート HOTEL
真打英多朗
錦小路通
タイガー餃子会館
打田漬物
錦市場
カリカリ博士
京都さがの館
名代とんかつ かつくら
びーんず亭
ホテルニュー金波楼
大丸
le noble
四条西洞院
烏丸駅
四条高倉
阪急京都線
ホテルオークス京都四条
② すき家
Louis Vuitton
竹中木版竹笹堂
亀屋良長
古今烏丸
① 四条駅
高倉通
三井ガーデンホテル京都四条
さんび堂
④
③
都野菜 賀茂
京料理す満家
⑥
⑤
中島家
Café Marble
仏光寺通
petit japonais
新町通
木乃婦
旬風庵
仏光寺
d食堂
諏訪町通
D&DEPARTMENT KYOTO
高辻通
西洞院仏光寺
京都地下鐵烏丸線
西洞院通
上羽繪惣
松原通
↓往五条駅

六角堂

info 京都市中京區六角通東洞院西入堂之前町
➡電話：075-221-2686➡時間：6:00~17:00➡價格：自由參拜➡網址：www.ikenobo.jp/rokkakudo/

六角堂，又稱頂法寺，本堂依著佛法中六根清淨(眼、耳、鼻、舌、身、意)之意而建，在北面還有留下聖德太子當年在此沐浴的遺跡。早年，寺廟人士會在這池遺跡四周奉上鮮花，據聞這也是日本花道(いけばな)的最早由來。

八百一本館

info 京都市中京區東洞院通三条下る三文字町220➡電話：依店舖而異➡時間：10:00~21:00(依店舖而異)➡休日：依店舖而異➡網址：www.kyotoyaoichihonkan.com

由十數家京都在地老舖品牌結合而成的精緻食材賣場，以蔬果店日文「八百屋」為名，立志做到蔬果店首選。八百一的企業理念除了帶給顧客美味的食材外，還開闢了多個農場，讓員工學習農作進而了解愛護農產品，灌注了滿滿心意的食材，才能烹調出最高的美味。

栖園 大極殿本舖 六角店

info 京都市中京區六角通高倉東入南側堀之上町120➡電話：075-221-3311➡時間：喫茶10:00~17:00，賣店9:00~19:00➡休日：週三➡價格：琥珀流し(寒天點心)￥660➡網址：www.instagram.com/daigokuden.seien/

栖園是家和菓子老舖，店裡的人氣甜品為清涼可口且甜而不膩的寒天點心琥珀流し，以及冬天時用上等的丹波大納言，也就是丹波產的大紅豆加年糕所熬成的紅豆年糕湯，紅透飽滿的大紅豆滋味十分高雅，是冬天不容錯過的逸品。

竹中木版 竹笹堂

info 京都市下京區綾小路通西洞院東入ル新釜座町737➡電話：075-353-8585➡時間：賣店11:00~18:00，工房10:00~18:00，木版畫體驗教室週二、第1、3個週六14:00~16:00➡休日：店舖週三，工房週日例假日➡價格：ブックカーバ(書衣)¥880起；版畫繪明信片體驗教室成人¥3000，高中生以下¥2700➡網址：www.takezasa.co.jp➡注意：體驗教室為預約制，需於3日前預約，且2人以上才開課；目前暫停體驗

　竹中木版創立於明治24年，作為手工木版印刷師(摺師)工房，屹立京都街頭百年餘，在日本屈指可數。第五代傳人竹中健司在1999年開設了新品牌「竹笹堂」，除了包裝紙、團扇、扇子等日用品和工藝品外，也運用傳統木版畫的設計元素推出家飾與文具用品。

上羽繪惣

info 京都市下京區東洞院通高辻下ル燈籠町579➡電話：0120-399520、075-351-0693➡時間：9:00~17:00➡休日：週六、日、例假日➡價格：胡粉ネイル(指甲油)個罐¥1452起➡網址：www.gofun-nail.com/➡注意：上羽繪惣的商品在全日本多處都能買得，行前可上網查詢「胡粉ネイル取扱店」一項

　創業於1751年的上羽繪惣，在兩百多年前利用天然貝殼研磨成的「胡粉」製作各式繪畫用顏料，而現在更創造了胡粉指甲油，透氣性高、易上色，也快乾，更有金粉款與加入精油款，滿足了女性的美麗需求。

D&D京都

info 京都市下京區高倉通仏光寺下ル新開町397本山佛光寺內➡電話：店舖075-343-3217➡時間：11:00~18:00➡休日：週二、三➡網址：www.d-department.com/

　在日本各地以「長居生活創意」為主題，導入「在地化」小物販賣、餐飲、觀光概念的D&DEPARTMENT，來到京都正好是第10號據點。以本山佛光寺為根據地，並且找來京都造型藝術大學為夥伴，引進了京都老店的工藝品、生活雜貨，甚至調味料、防火水桶都有陳列販賣。

GYOZA OHSHO
烏丸御池店
info 京都市中京區両替町通姉小路上ル龍池町430→電話：075-251-0177→時間：10:30～23:00(L.O.22:30)，週日至22:30(L.O.22:00)→價格：煎餃6個¥264→網址：www.ohsho.co.jp/

餃子的王將在京都烏丸御池這開了間精品旗艦店，雖然形象改頭換面，但餐點的價格還是一樣親民，而且還能品嚐到由營養師小針衣里加利用京野菜所調配、當店才有的獨特菜單，讓平民美食煎餃大升級，吃得健康又高雅。

英多朗
info 京都市中京區錦烏丸東入ル元法然寺町683烏丸錦ビル1F→電話：075-211-2239→時間：11:30～14:30，17:30～22:00，週六、例假日至21:00→休日：週日→價格：肉カレーうどん(咖哩豬肉烏龍麵)¥890→網址：www.kyoto-eitaro.com

曾經上過人氣料理節目魔法餐廳的英多朗是間看來毫不起眼的麵店，以有別於京都柔軟口感的咬勁十足烏龍麵為賣點，深受在地食客歡迎，推薦最適合自家的手打烏龍麵條的咖哩口味。

AWOMB烏丸本店
info 京都市中京區姥柳町189→電話：050-3134-3003→時間：12:00～15:00(L.O.14:00)，18:00～20:00(L.O.19:00)→價格：名代 手織り寿し(名代手織壽司)¥3267→網址：www.awomb.com

AWOMB的烏丸本店選擇改建帶有京都風味的町屋，人氣招牌料理「手織壽司」堪稱一道絕美精緻的藝術品。以當季京都家常菜為中心，在黑色石盤上層層堆疊各式壽司素材與新鮮時蔬，並提供高達十四種的天然調味料，隨心所欲製作出獨一無二的「手織壽司」。

木乃婦

info 京都市下京區新町通仏光寺下ル岩戸山町416→電話：075-352-0001(預約制)→時間：11:30~15:00(L.O.13:30)，18:00~21:30(L.O.19:30)→休日：不定休→價格：お昼の会席(午餐會席料理，平日限定)￥6600起→網址：www.kinobu.co.jp

創業已經80餘年的木乃婦，現任主廚以「保留京都古典氣息，結合新的創意」為理念，配合季節更迭，以最高級的食材結合創意，將美觀又美味的季節會席料理呈現在客人面前。

京料理 す満家

info 京都市下京區東洞院通綾小路下る扇酒屋町284→電話：075-351-4598→時間：午間班11:00，晚間班19:00，課程約2~2.5小時→休日：週三→價格：おばんざいA(番菜基礎課程)￥7000網址：3514598.com→註：每一時段最多6人，請先至官網查詢預約狀況

藤田老師原是京都創業70年以上、佛光寺旁用「京料理・す満家」第四代傳人，由於女性料理人在日本傳統料理界仍佔極少數，在不願老舖滋味被其他料理人改變而黯然決定結束營業，以「傳達京料理乃至於和食的獨特魅力」為出發，開辦了這樣的番菜料理教室。

都野菜 賀茂 烏丸店

info 京都市下京區東洞院通綾小路下る扇酒屋町276→電話：075-351-2732→時間：8:00~10:00(L.O.9:15，入店至9:00)，10:30~16:00(L.O.15:30)，17:00~22:00(啤酒、咖啡L.O.21:00，buffet、飲料吧L.O.21:30)→價格：早餐￥550；午餐￥1000(週六日例假日￥1020)，2歲~幼兒園兒童￥300，2歲以下幼兒免費；晚餐￥1400(週六日例假日￥1550)，小學生￥700，2歲~幼兒園兒童￥400，2歲以下幼兒免費；飲料吧￥300/980(含酒精)→網址：nasukamo.net/→注意：早餐buffet7:00開始發放整理券；午晚餐buffet客滿時，有限時。

與京都農家直接合作直送的當日新鮮蔬菜，都在賀茂成為各式美味，以京野菜為主題，每天至少提供30種類以上料理，包含煮、燉、炒、蒸及生鮮蔬菜沙拉吧，也有部分肉食料理，採吃到飽模式，想吃什麼自己拿。

座落在京都的藝文中心

岡崎公園
美術館・平安神宮前

岡崎公園有幾個巴士站，其中「岡崎公園 美術館 平安神宮前」便是抵達平安神宮、京都市立美術館等景點最近的一站。這一帶有美術館、動物園、大學校區和許多名寺古剎，因為離南禪寺不遠，很適合徒步串聯。

岡崎公園巴士站

- ●A市巴士站往【四条河原町・京都駅】5・46
- ●B市巴士站往【銀閣寺・岩倉】5
- ●C市巴士站往【四条河原町】32
- ●D市巴士站往【銀閣寺・上賀茂】32・46
- ●E市巴士站往【銀閣寺・岩倉】5・32
- ●F市巴士站往【四条河原町・京都駅】5・32

平安神宮

info 京都市左京區岡崎西天王町97➔電話：075-761-0221➔時間：2/15~3/14、10月6:00~17:30，3/15~9月至18:00，11月~2/14至17:00；神苑2/15~3/14、10月8:30~17:00，3/15~9月至17:30，11月~2/14至16:30，入苑至閉苑前30分➔價格：自由參拜；神苑成人¥600，兒童¥300➔網址：www.heianjingu.or.jp

平安神宮位於岡崎公園北邊，是1895年日本為了慶祝奠都平安京1100年所興建的紀念神社。其格局以3分之2的比例，仿造平安時代王宮而建，裡面共有8座建築，並以長廊銜接北邊的應天門和南邊的大極殿。從入口的應天門走進平安神宮，可以看見色澤豔麗、紅綠相間的拜殿和中式風格的白虎、青龍兩座樓閣，至大殿參拜和遊逛廣場都不需要門票。

感到

 搭乘至岡崎公園 美術館·平安神宮前巴士站下車是這一帶的中心,詳見巴士站牌對應一欄。若是想到動物園則可搭至岡崎公園·動物園前巴士站,可依行程調整下車點。

平安神宮距離南禪寺徒步只要15分鐘左右,若有體力不妨用走路串聯。

京都市京セラ美術館

info 京都市左京區岡崎円勝寺町124➜電話：075-771-4334➜時間：9:00~18:00(入館至17:30)➜休日：週一、年末年始(12/28~1/2)➜價格：常設展成人￥700、國中小學生￥300，小學生以下免費；企劃展、別館依展覽內容而異➜網址：kyotocity-kyocera.museum/

在紅色鳥居一側的京都市京セラ美術館建築古典，開幕於昭和8年，是日本第二古老的大型公立美術館。館內收藏近、現代作品和以京都主題的美術品、工藝品等，除了

常設展外，也提供做為企畫展和公募展的空間，可以在這裡看到從市民作品發表會到國外作品展的多元展出。

京都國立近代美術館

info 京都市左京區岡崎円勝寺町26-1➜電話：075-761-4111➜時間：10:00~18:00(入館至17:30)，週五至20:00(入館至19:30)➜休日：週一(週假日順延翌日休)、年末年始、換展日➜價格：常設展成人￥430、大學生￥130，18歲以下、65歲以上免費；夜間(週五六17:00後)成人￥220、大學生￥70，18歲以下、65歲以上免費➜網址：www.momak.go.jp➜注意：當日持京都市京セラ美術館或細見美術館票根入館可享團體票折扣

京都國立近代美術館主要收藏日本的近代美術作品，範圍包括日本畫、陶藝、染織、雕刻、金工等，相當多元。除了在collection gallery有館藏定期展出，也時常有各種精采的相關企畫展。

京都伝統産業ふれあい館

info 京都市左京區岡崎成勝寺町9-1 勸業館B1F➜電話：075-762-2670➜時間：9:00~17:00(入館至16:30)，體驗教室10:00~16:30(受理至15:00)➜休日：不定休(詳見官網)➜價格：自由參觀；手描友禪染體驗￥1540起➜網址：kmtc.jp➜注意：傳統工藝品製作體驗教室需於15天前預

位於勸業館地下一樓的京都傳統產業ふれあい館，以影片、作品等方式展示出包括西陣織、友禪染、佛具、京繡等60種以上的京都傳統工藝，並附設簡單有趣的友禪染體驗活動。不定期會有工匠製作或舞妓表演等特別的活動企畫，可以近距離接觸日本之美。

細見美術館

info 京都市左京區岡崎最勝寺町6-3➔電話：075-752-5555➔時間：10:00~17:00(入館至16:30)；茶室11:00~17:00；Café 10:30~17:00(L.O.16:30)➔休日：週一(遇假日順延翌日休)、換展期間：茶室不定休➔價格：依展覽內容而異➔網址：www.emuseum.or.jp➔注意：當日持京都市京セラ美術館或京都國立近代美術館票根入館可享團體票折扣

出身大阪的企業家族——細見家歷經三代的日本美術工藝收藏傑作，包括佛教、神道美術、水墨、陶藝等相關作品中，有30餘件作品被列為國家重要文化資產。美術館空間上以1樓樓面為入口向下延伸，建築設計相當具現代感。位於地下廣場旁的美術館商店內，精選不少獨特細膩的京味雜貨與食器，值得一逛。

古香庵

info 細見美術館內➔電話：075-752-5555➔時間：11:00~17:00➔休日：不定休➔價錢：抹茶體驗2~19人￥2500/人，20人以上￥2000/人➔網址：www.artcube-kyoto.co.jp/koko-an/➔注意：抹茶體驗需2人以上，且於前一天中午前預約

茶道主要的目的並不在於品茶，而是在於貫徹「一期一會」的箇中精神。
在細見美術館的茶室古香庵，可以邊欣賞日本裏千家抹茶的製作過程邊品嚐日式點心，即使不懂茶道的奧義，但藉由品茶的過程，相信會更近一步接近日本的文化，體會這文化深層的底蘊。

Ami Kyoto

info 京都市東山區堀池町373➔電話：080-4240-8866➔時間：茶道體驗(60分鐘)10:00~16:00，每日3場，詳見官網➔休日：週日➔價格：￥3000➔網址：www.whattodoinkyoto.com

Ami Kyoto是間位於住宅區巷弄內的美麗町家老屋，提供以全英文進行的茶道、書道和花道文化體驗。這裡的茶道體驗，包含介紹、完整的茶會流程，最後還會讓所有參加體驗的客人練習打一碗自己的抹茶，配上點心一同享用。身著和服的女主人Kimiko和茶道老師Mari兩人流暢的英文和傳統的日式老屋風景，形成了有趣的對比。

京都modern terrace

 info 京都市左京區岡崎最勝寺町13 ロームシアタ
ー京都Park Plaza 2F蔦屋書店內➔電話：
075-754-0234➔時間：11:00~20:00(L.
O.19:00)➔休日：不定休（配合展館休日）➔網址：
www.kyotomodernterrace.com

　承襲了日本最具代表性現代主義建築的
精神，京都modern terrace 餐廳內裝陳設走
簡約低調華麗風格，此處提供全天候餐飲
服務，最具特色的就是柴燒料理，帶點煙燻
氣味的野菜肉類海鮮，都讓餐點的風味大
大提升，另外還有手沖咖啡以及和洋菓子的
下午茶組合，在這邊好好放鬆也是個不錯
的生活提案。

蔦屋書店

info 京都市左京區岡崎最勝寺町13 ロームシアタ
ー京都Park Plaza 1F➔電話：075-754-0008➔時
間：8:00~22:00➔網址：real.tsite.jp/kyoto-
okazaki/

　大名鼎鼎的蔦屋書店已經是前往東京旅
遊的遊客們必訪之處，而在關西，蔦屋書
店則選擇落腳在京都岡崎區，靜靜地入駐
位在平安神宮旁的ロームシアター京都會
館一角，2016年開幕的蔦屋書店，一樣承
襲著建築師前川國男「融入在地」的設計
理念，昏黃的燈光與低調招牌，不帶給周
遭環境負擔。店內雖然占地不大，但也為
外國旅客開設了免稅櫃檯，店內書籍都可
以攜入一旁星巴克，一邊品嚐咖啡一邊翻
閱，把京都風情融入後的蔦屋，讓書店格
局又提升了一個層次。

平安樂市集

info 岡崎公園 (平安神宮前)◆時間：第2個週六 10:00~16:00

　如果你是剛好是每月第二個週六來到平安神宮，別忘了順道逛逛在宮外岡崎公園裡的平安樂市，這個手作市集主要以有在京都開店的店家來擺攤為主，因此商品水準都很整齊，聚集攤位從吃喝、買通通有，相當多元，加上公園範圍廣大，即使隨時想歇腿放鬆，也空間廣闊、氣氛悠閒。

グリル小宝

info 京都市左京區岡崎北御所町46◆電話：075-771-5893◆時間：11:30~21:30(L.O.21:00)◆休日：週二、三、12/31~1/3◆價格：オムライス(蛋包飯)中￥1100，小￥720◆網址：grillkodakara.com/grillkodakara/Home.html

　1961年開業的小宝，是深受當地人喜愛的老字號洋食屋。招牌蛋包飯和牛肉燴飯都是絕頂美味，各有死忠擁護者。其實小宝美味的關鍵，就在於那花18天熬製的濃濃醬汁，嚐來回甘不死鹹，讓人一吃上癮。

京都‧時代祭館 十二十二

info 京都市左京區岡崎西天王町97-2◆電話：075-744-1680◆時間：10:00~19:30◆休日：週一(遇假日照常營業)◆網址：www.1022.kyoto/

　取名自平安神宮遷都日期10(十)月22(二十二)，為了紀念這日期也特意以此為名。整個館剛於2017年底開幕，除了將京都知名祭典「時代祭」找來映畫作家，以科技影像作品融入空間設計中之外，也把京都職人提燈布置其中。2層樓的寬廣空間中更引入超過30家美食與京都代表名品，其中不乏京都老舖與話題店鋪商品。

銀閣寺與南禪寺的中間位置

東天王町

要到南禪寺，除了從平安神宮徒步前往之外，搭5號公車到東天王町，雖然離南禪寺其實還有一段距離，但可以串聯岡崎神社、哲學之道與永觀堂，所以也算是方便。如果腳力好的人不妨可以選擇由此開始遊逛。

怎麼到

🚌 搭5號公車至東天王町巴士站下車可串聯這一帶，詳見巴士站牌對應一欄。也可以搭乘公車至南禪寺·永観堂巴士站下車，也是離景點有一段徒步距離。

🚇 搭乘地下鐵東西線至蹴上駅下車離南禪寺最近

東天王町巴士站

- ●A市巴士往【京都駅】5
- ●B市巴士往【出町柳·大德寺】5·203·204
- ●C市巴士往【三条河原町·京都駅】32·93·100·203·204
- ●D市巴士往【銀閣寺】32·100

卍｜永観堂

info 京都市左京區永観堂町48➜電話：075-761-0007➜時間9:00~17:00(售票至16:00)➜休日：秋季寺寶展➜價格：成人￥600，國高中小學生￥400➜網址：www.eikando.or.jp

永觀堂以秋天紅葉聞名，而有「紅葉的永觀堂（もみじの永観堂）」之雅稱。院內本堂安置的阿彌陀如來像非常有名，特別在於佛像的臉並不是看著前方，而是往左後方回頭，稱為「回望阿彌陀佛」。最建議秋季來到這裡，雖然人較多，但絕美楓景值回票價！

京都生ショコラ

東天王岡崎神社

東天王町

丸太町通

日の出うどん

叶 匠寿庵 京都茶室棟

熊野若王子神社

永観堂

京都市動物園

奥丹

牧護院

琵琶湖疏水記念館

南禅寺

瓢亭

無鄰菴

八つ橋庵 しゃなり

Blue bottle
coffee Kyoto

南禅寺順正

水路閣

インクライン

金地院

蹴上

威斯丁都飯店

蹴上駅

南禅寺

info 京都市左京區南禅寺福地町→電話：075-771-0365→時間：8:40~17:00(售票至16:40)、12~2月至16:30(售票至16:10)→休日：年末(12/28~12/31)→價格：自由參拜；方丈庭園成人￥600，高中生￥500，國中小學生￥400；三門成人￥600，高中生￥500，國中小學生￥400；南禅院成人￥400，高中生￥350，國中小學生￥250→網址：www.nanzenji.or.jp/

　　南禪寺範圍不小，包括方丈庭園、方丈、三門、水路閣、南禪院等。巨大的三門建於1627年，式樣古樸而氣勢恢宏，站在樓頂可以遠眺京都周遭美景。方丈建築分為大方丈、小方丈兩個部分，其中小方丈在清涼殿後方，是從伏見城移建而來的小書院，其中的「襖繪」(隔間木門上的繪畫)色彩繽紛，以狩野探幽的傑作「水吞虎」最為有名。

方丈庭園枯山水

　　方丈庭園「虎子之渡」是江戶初期枯山水庭園的代表，以白砂當作海洋，岩石與花草象徵人間天堂，砂海中的兩塊巨石代表老虎與小虎，描繪著老虎帶著幼子前往人間淨土的意境。

水路閣

　　紅磚拱型的西式建築古典而優美，沿步道走至水路閣上方，清澈的水流依然奔流不息。

インクライン

info 京都府京都市左京區→時間：自由參觀→價格：自由參觀

　　位於琵琶湖疏水道靠南禪寺的一段，因為高低的落差使得船隻無法順利通行，當年建造了專門載運船隻接駁的台車及專用的軌道，名為インクライン，即是譯自英文的incline。現在這段軌道上留有當年的台車和簡單的紀念碑，以春櫻爛漫時最為美麗。

琵琶湖疏水紀念館

info 京都市左京區南禅寺草川町17→電話：075-752-2530→時間：9:00~17:00(入館至16:30)→休日：週一(遇假日順延翌日休)、年末年始(12/29~1/3)→價格：自由參觀→網址：biwakososui-museum.jp/

　　流經南禪寺、平安宮前的琵琶湖疏水道，竣工於明治23年(1890)，曾身兼航行、發電、灌溉等多重功能，是推動京都整體的都市化發展的功臣，也是當時的重大工程之一。現在船隻已不再航行，但每到春天，粉色櫻花沿著寬闊水道綻放紛落的美景，仍然吸引人們前往。紀念館內保存當時的資料，讓民眾更了解這項工程的艱困。

Blue bottle coffee Kyoto

info 京都市左京區南禪寺草川町64➔時間：9:00~18:00➔價格：カフェラテ(拿鐵)¥627➔網址：bluebottlecoffee.jp/cafes/kyoto

　　活用町屋建築特性，將店舖分為四大空間，分別是推薦客人找到理想味道的杯測區Cupping Space、周邊商品陳設區Shop Space、與能夠享用咖啡的座位區Cafe Space、中庭。Cafe Space挑高天井空間保留町家特色，再融入大片玻璃、霓虹等現代元素，和協不衝突。

無鄰庵

info 京都市左京區南禪寺草川町31➔電話：075-771-3909時間：4~9月9:00~18:00(10~3月至17:00)，入場至閉場前30分鐘，庭園Café 9:00~17:45➔休日：12/29~12/31➔價格：小學以上¥600，小學生以下免費，庭園Café(附茶點)¥1600➔網址：murin-an.jp/➔注意：因疫情影響需事先預約入場

　　引自琵琶湖水的無鄰庵是明治大老山縣有朋的別館，由山縣有朋設計、七代小川治兵衛所建的池泉回遊式庭園，被譽為明治庭園設計的原點。園內水流潺潺、高低交錯的庭木及借景東山，構成了活潑而和諧的景致，除了茶室之外，園內有間二層樓的白色洋館，是當年日俄戰爭前決定日方作戰方向的密談「無鄰庵會議」的舉行地。

京都生ショコラ

info 京都市左京區岡崎天王町76-15➔電話：075-751-2678➔時間：12:00~18:00(L.O.)➔休日：週一、二(週假日順延週三休)➔價格：生チョコセット(生巧克力附飲料組合)¥1100，生チョコレート(生巧克力)16入¥2400➔網址：www.kyoto-namachocolat.com

　　由於堅持不透過機器生產，這裡的生巧克力每日的發售數量僅限定於20到30盒左右；分成苦味、甜味、抹茶口味的巧克力，全擁有入口即化的濃醇口感。另外加入了沖繩奄美燒耐的100%苦味巧克力帶有黑糖香醇，真是充滿了幸福的滋味。

直達門口下車最方便

銀閣寺道

每到京都旺季的櫻花、紅葉時節，哲學之道上就擠滿人潮，櫻花大約是在3月底至4月初約一週的期間盛開，紅葉時期則約為11月份，這些季節裡遊客摩肩接踵，美麗的櫻枝低低地垂入水渠中，小徑兩旁還有許多茶亭、咖啡館和藝品店，讓人可坐下來賞景喝茶，度過優雅的京都時光。

銀閣寺道巴士站

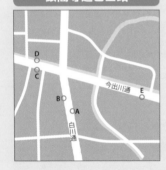

- ●A市巴士往【京都駅・四条通】5・32・203・204
- ●B市巴士往【岩倉・北大路BT】5・204
- ●C市巴士往【京都駅・東寺西門・北野白梅町】17・203
- ●D市巴士往【錦林車庫】17
- ●E（銀閣寺前）市巴士往【四条河原町・京都駅】32

銀閣寺

info 京都市左京區銀閣寺町2➡電話：075-771-5725➡時間：夏季（3~11月）8:30~17:00，冬季（12~2月底）9:00~16:30➡價格：成人、高中生￥500、國中小學生￥300➡網址：www.shokoku-ji.jp

銀閣與金閣的奪目耀眼大異其趣，全體造景枯淡平樸，本殿銀閣也僅以黑漆塗飾，透著素靜之美。佔地不大的銀閣寺，同時擁有枯山水與迴游式庭園景觀。以錦鏡池為中心的池泉迴游式山水，是由義政親自主導設計，水中倒影、松榕、錦鯉、山石，似乎透露著歷經紛亂之後的沈澱與寧靜。

麼到

🚌 搭乘至銀閣寺前巴士站下車，離銀閣寺最近，詳見巴士站牌對應一欄。若班次無法配合，也可以搭至銀閣寺道巴士站下車。

今出川通　北白川

銀閣寺道

NOA NOA　銀閣寺前

橋本關雪記念館　銀閣寺

茂庵

風の館

眠み家　千鳥屋

吉田神社

忘我亭

竹中稻荷社　淨土寺

哲學之道

法然院

のび工房

錦林車庫前

哲學之道
info 銀閣寺～南禪寺
一帶 ➜ 時間：自由參觀

　　哲學之道沿著水渠兩旁的小徑共種植著500多株「關雪櫻」，名稱的由來為大正10年，京都畫壇名家橋本關雪的夫人在此栽種櫻花因而得名。而哲學之道的由來也是因昔日哲學家西田幾多郎，經常在此沉思散步之故，所以取名為「哲學之道」。

法然院

info 京都市左京區鹿ヶ谷御所ノ段町30➔電話：075-771-2420➔時間：6:00~16:00/伽藍內特別公開春季(4/1~4/7)9:30~16:00，秋季(11/18~11/24) 9:00~16:00➔價格：自由參拜；伽藍內特別公開春季(4/1~4/7)￥800，秋季(11/18~11/24)￥800➔網址：www.honen-in.jp

　　建於西元1680年的法然院為了紀念日本佛教淨土宗開山祖師——法然上人所建。法然院包括本堂和庭園，本堂供奉著一尊阿彌陀佛如來座像，庭園則屬於池泉回遊式。春天以山茶花聞名，秋天則是紅葉名景之一。法然院的紅葉集中點綴在樸素的茅草山門前，方形門框正好框出一幅錦繡畫作，兩旁漫天蓋地的火紅，畫框內外都是美景，因而成為許多專業攝影師必訪的祕境。門前參道兩旁有兩座白砂堆成的「砂盛」，砂上描繪有花草、水紋等圖樣，象徵潔淨的清水，走過砂盛中間有潔淨身心之喻。

真如堂

 info 京都市左京區淨土寺真如町82➔電話：075-771-0915➔時間：9:00~16:00(售票至15:45)➔休日：不定休➔價格：高中生以上￥500，國中生￥400，小學生以下免費；特別拜觀高中生以上￥1000，國中生￥900，小學生以下免費➔網址：shin-nyo-do.jp

　　真如堂的正式名稱為真正極樂寺，堂裡的阿彌陀如來立像是京都六大阿彌陀佛之一，是日本的重要文化財，寺寶經藏甚多，但要到11月5日~15日中的「十夜大法要」最後一天，阿彌陀如來立像才有特別公開。這裡不但是紅葉名所，秋萩和銀杏也相當有名。借景東山三十六峰的枯山水庭園「涅盤庭」，也是京都的名庭之一。真如堂的紅葉來得遲，11月中旬本堂前開始換上紅色妝貌，11月底至12月皆可欣賞到境內楓樹及槭葉的一片火紅。

銀閣寺 㐂み家

 info 京都市左京區淨土寺上南田町37-1→電話：075-761-4127→時間：11:00～17:00→休日：週三→價格：あん豆かん(和風豌豆冰)￥700，クリームあんみつ(冰淇淋蜜豆冰)￥880→網址：www.kimiya-kyoto.com

　　㐂み家的招牌甜點「豆かん」是用一粒粒圓滾滾的豌豆熬煮而成，微鹹的豌豆加上抹茶冰淇淋、白玉湯圓、栗子、寒天等，再放上一球紅豆餡並淋上店家特製的黑糖蜜，滋味十分爽甜，最適合夏日來上一碗透心涼。

熊野若王子神社

info 京都市左京區若王子町2→電話：075-771-7420→時間：自由參觀→價格：自由參拜

　　位於永觀堂北側，與熊野神社、新熊野神社並稱「京都三熊野」的熊野若王子神社是日本古代山岳信仰的神道教所屬的神社，為1160年由後白河天皇所建，明治時代神教與佛教分離，如今僅存神社，秋天是內行人才知道的紅葉名所。

大豊神社

 info 京都市左京區鹿ケ谷宮ノ前町1→電話：075-771-1351→時間：自由參觀→價格：自由參拜

　　建於平安時代前期仁和3年(887)的大豊神社，在境內的末社大国社前，還可以看到特別的狛鼠。相傳祭神大國主命當年遭野火侵襲，命在旦夕時，就是小老鼠出現，將大國主命引至附近的洞穴中，大國主命也因而能存活。因此，大国社前不用傳統的狛犬，而是以老鼠取代之，使老鼠在這裡成為健康、長壽、福德的象徵。

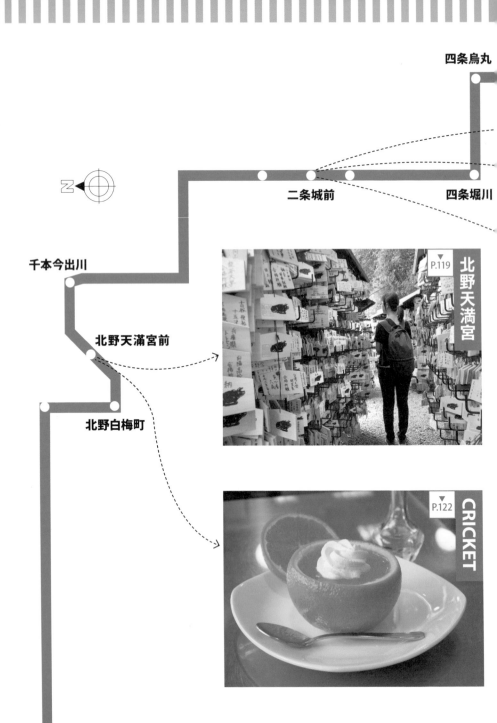

四条烏丸

二条城前

四条堀川

千本今出川

北野天満宮前

北野白梅町

P.119 北野天満宮

P.122 CRICKET

烏丸七条

京都駅前

▼ P.115

二条城

▼ P.116

ひとつのおさら

▼ P.117

然花抄院 京都室町本店

市巴士 **50**

參觀二條城最方便

二条城前

二條城是德川幕府將軍家,充滿戰國風華吸引許多外國遊客前來一睹風彩。這裡與二條駅相臨不遠,若搭乘公車至二條城前巴士站則最為方便。鄰近京都御所往南至御池通,甚至延伸到京都市役所的一整個街廓範圍聚集許多昔日為天皇服務的御用老舖,有和菓子、京都茶葉等,至今仍保存町家風,也進駐許多可愛小店、咖啡廳,十分適合順遊。

怎麼到

🚌 搭乘公車至二條城前巴士站下車最近,詳見巴士站牌對應一欄。另也可以搭乘公車至二條駅前巴士站下車,亦在徒步範圍內。

🚃 搭乘JR山陰本線(嵯峨野線)至JR二條駅下車;搭乘京都地下鐵東西線至二條城前駅、二條駅下車。

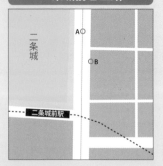

二条城前巴士站

●A市巴士往【上賀茂・北野天滿宮・金閣寺】9・12・50・67

●B市巴士往【四條河原町・京都駅】9・12・50・67

御金神社

ℹ️ info 京都市中京區西洞院通御池上ル押西洞院町618➡電話:075-222-2062➡時間:自由參拜,社務所10:00~16:00➡網址:mikane-jinja.or.jp/

大老遠便看到閃閃發亮的金色鳥居,連屋瓦上都寫著大大的金字,其實御金神社的主祭神金山毘古神是掌管刀、劍等武具,鋤、鍬等農具的神明,也就是說這裡原本是在祭拜金屬的神社,近代的工業用器具、礦業等相關產業也會來這裡祭拜。但自古以來錢幣是由金、銀、銅等金屬製成,慢慢地就演變成對能夠提升金運的神社了。

館大學前

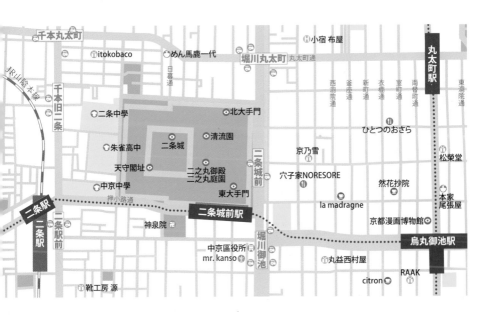

二条城

info 京都市中京區二条通堀川西入二条城町541➡電話：075-841-0096➡時間：8:45~16:00(17:00閉城)；二の丸御殿8:45~16:10➡休日：12/29~12/31休城；二の丸御殿1、7、8、12月週二、1/1~1/3、12/26~12/28(週假日順延翌日休)➡價格：入城費成人¥800、國高中生¥400、小學生¥300；入城費、二の丸御殿成人¥1300、國高中生¥400、小學生¥300➡網址：nijo-jocastle.city.kyoto.lg.jp/

　　建於慶長8年(1603)，正式名稱為「元離宮二条城」的二条城，1994年登錄為世界遺產，和江戶幕府將軍德川家康有著極深厚的關係，是1602年德川家康在京都的居城。桃山式武家建築十分華麗，大廣間更是1867年日本轉變為現代化國家的關鍵「大政奉還」的儀式場所。

itokobaco

info 京都市上京區主稅町1071➡電話：075-822-0011➡時間：10:00~18:00➡休日：週一、四➡網址：itokobaco.com

位於住宅區巷弄內的itokobaco，就像每個人心中都有的隱藏版勞作教室。除了販售毛線和各式手工藝素材之外，每個月會推出不同的手作課程，從立體花朵胸針、遮陽帽、室內鞋、森林系提袋等，初學者也不用擔心，另外有襪子、杯墊等都是第一次可以簡單上手。

ひとつのおさら

info 京都市中京區夷川通衣棚東入花立町274➡電話：075-204-6440➡時間：11:30~15:00(L.O.14:30)➡休日：不定休➡價格：今日のおひるごはん(每日午餐定食，附飲料)￥1560➡網址：www.1osara.com➡注意：晚餐採預約制

ひとつのおさら是間以端出「想給家人吃的菜」為宗旨的京都家常菜餐廳。改裝時特地重建的大爐灶，如今也每天冒著蒸氣煮著香噴噴的白米飯。最推薦品嚐每日午餐定食，有味噌湯、三道小菜、漬物，以及依當日採購內容、以當令食材製作的主菜，搭配可無限續碗的白飯，豐富的蔬菜量為外食族帶來新鮮的健康。

めん馬鹿一代

info 京都市上京區南伊勢屋町757-2➡電話：075-812-5818➡時間：11:00~14:00(週六日至15:00)，17:00~20:00➡休日：週二➡價格：ネギラーメン(噴火蔥拉麵)￥1350➡網址：www.fireramen.com/➡注意：人多時需先抽號碼牌，再等候叫號進店

吃膩了千篇一律的拉麵了嗎？想要找樂子，就來馬鹿一代嚐試超有名的噴火拉麵吧！就座後店家會依照國別請你閱讀指引，主要便是說明店內的規定，像是不能加蔥、不能不要蔥、倒油點火時不能逃等等，由於事關安全問題，一定要遵從店家

指示。至於拉麵的滋味，蔥香十足，但口味偏鹹偏油，平時口味清淡的人可能無法吃太多。

喫茶la madrague

info 京都市中京區押小路通西洞院東入ル北側
➜電話：075-744-0067➜時間：11:30~22:00
(L.O.21:00)➜休日：週日、不定休(詳見FB粉絲
團)➜價格：コロナの玉子サンドイッチ(コロナ玉子
燒三明治)¥800➜網址：www.facebook.com/
lamadrague.kyoto

　昭和38年(1963)年創業的咖啡老舖
SEVEN，因店主人年事已高不得不休業，
同樣的，位在木屋町的老洋食店コロナ也
因店主人過世而讓許多老饕因再也吃不
到名物「玉子燒三明治」。2011年開幕的la
madrague則將這兩家的精神延續，店主人依
自己品味選入適合的老物讓店內氣氛提升，
也提供名物玉子燒三明治，傳承好味道。

然花抄院 京都室町本店

info 京都市中京區室町通二条下ル蛸藥師町
271-1➜電話：075-241-3300➜時間：
11:00~18:00(Zen Café L.O.17:30)➜休日：第2、
4個週一(遇假日順延翌日休)➜價格：茶庭ノ膳(茶
庭套餐)¥1540➜網址：www.zen-kashoin.com

　身為「長崎堂」的第四代，店主荒木志華
乃將自己對藝術、設計的喜愛，與家族企業
做了徹底結合，由她一手規劃
改裝的「然花抄院京都室町
本店」為經典蜂蜜蛋糕換
上的新包裝，更獲得2010
年德國紅點設計大獎的傑
出設計獎。

直達學問之神參拜境內

北野天滿宮前

北野區域有祭拜學問之神的北野天滿宮，若是遇上櫻花季節，平野神社美得如詩如夢，巴士站
就是上七軒歌舞練場和許多老舖，平野神社則位於天滿宮的西側，徒步約3分可達。而從北野
前往嵐山的路面電車更有濃濃的昭和復古風情，讓人感受不一樣的京都風景。

北野天滿宮前巴士站

- ●A 市巴士往【四条河原町・京都駅】10・50・55・203
- ●B 市巴士往【北大路BT・祇園】10・50・51・55・203
- ●C 市巴士往【出町柳・四条河原町】50・203
- ●D 市巴士往【四条河原町・京都駅】10・50・52・55
- ●E 市巴士往【仁和寺・山越】10
- ●F 市巴士往【金閣寺・北大路BT・立命館大學】15・50・51・52・
55・202・204・205
- ●G 市巴士往【西大路四条・京都駅】15・202・203・204・205
- ●H 市巴士往【仁和寺・山越】26

怎麼到

🚌 搭乘公車至北野天滿宮前巴士站下車最
近。另也可以搭乘公車至北野白梅町駅前
巴士站下車，在徒步範圍內，詳見巴士站牌對應
一欄。

🚃 搭乘嵐電至北野白梅町駅下車，徒步約10
分即達北野天滿宮。

北野天滿宮天神市

info 北野天滿宮境內➜時間：每月
的25日➜價格：自由參觀

「天神市」是每月25日在北野
天滿宮境內定期舉辦的跳蚤市
場。雖然每個月都有，但又以1
月25日的「初天神」，和12月25
日的「終天神」最為熱鬧，多達
千餘家的攤販在此聚集，除了古
董和服店，還有販賣日本昭和年
代雜貨、古董玩具、舊時鐘、舊
洋娃娃、陶瓷器等店家。

北野天滿宮

info 京都市上京區馬喰町➜電話：075-461-0005➜
時間：4~9月5:00~18:00，10~3月5:30~17:30；寶物
殿1/1、12/1、每月25日、梅花紅葉季 9:00~16:00；梅
苑2月初~3月下旬9:00~16:00；もみじ苑10月下
旬~12月上旬9:00~16:00，夜間點燈11月中旬~12月
上旬日落~20:00；緣日(天神日)每月25日
6:00~21:00(日落開始點燈)➜價格：自由參拜；寶物
殿成人￥1000，國高中生￥500，小學生￥250，小學
生以下免費；梅苑(附茶菓子)國中生以上￥1000，兒
童￥500；もみじ苑(附茶菓子)國中生以上￥1000，兒
童￥500➜網址：www.kitanotenmangu.or.jp

北野天滿宮供奉著平安時代的學者菅原道
真。他在日本的民間是位非常有道德勇氣的文
人學者，也是有名的學問之神，許多人會來此
祈求學業進步、金榜提名。每到冬天，北野天
滿宮就成了京都最有名的賞梅所，400年前盛
開時還曾讓豐臣秀吉驚艷、讚嘆不已。每年2
月25日梅花祭時，上七軒的藝妓及舞妓會來此
參拜，衣香鬢影間美不勝收。

平野神社

info 京都市北區平野宮本町1➔電話：075-461-4450➔時間：6:00～17:00（櫻花季期間至21:00）價格：自由參拜➔網址：www.hiranojinja.com/

平野神社為平安時期遷都京都的桓武天皇所移築的古老神社，境內種植有數十種、約500株的珍貴櫻花，數量之多居京都之首，京都人稱之為「平野の櫻」，約三月中旬就有「桃櫻」開花，與仁和寺晚開的「御寺の櫻」恰成反比。

長五郎餅 本店

info 京都市上京區一条通七本松西入ル滝ヶ鼻町430➔電話：075-461-1074➔時間：9:00～17:00，茶席10:30～15:00➔休日：週四➔價格：長五郎餅2個+抹茶￥570➔網址：www.chogoromochi.co.jp

豐臣秀吉賜名的長五郎餅是有400年歷史的北野天滿宮名物，每到天神市及賞梅季時，就會在境內的茶寮掛起「出張」（出差中）的牌子，提供頗甜的長五郎餅、抹茶和煎茶。

粟餅所 澤屋

info 京都市上京區今小路通御前西入紙屋川町838-7➔電話：075-461-4517➔時間：9:00～17:00➔休日：週四、每月26日➔價格：粟餅紅梅3個￥500➔注意：粟餅很快就會變硬，如果可能的話，建議在店裡食用

位於北野天滿宮對面公車站旁的粟餅所澤屋也是天滿宮前有名的點心之一，開業至今有300多年的歷史。粟是小米，餅是麻糬；澤屋的粟餅，有長條狀佐黃豆粉的和球形外裹紅豆泥的2種，吃起來不但毫不甜膩，還可以充分感受到黃豆、紅豆和小米的香氣，並享受麻糬柔軟中帶著彈性的口感。

●館大學前

大將軍八神社

info 京都市上京區一条通御前西入西町48➜電話：075-461-0694➜時間：6:00~18:00；方德殿特別（5/1~5/5、11/1~11/5)10:00~17:00(入館至16:00)，其他時間需預約➜價格：自由參拜；方德殿￥500➜網址：www.daishogun.or.jp

位在北野天滿宮南邊巷弄內的大將軍八神社，屬於陰陽道信仰的神社，是京都在平安時代建都時，因為風水考量而設。祭奉掌管方位的星神大將軍神，也是保佑旅人平安的神祇。神社境內的方德殿，收藏了大將軍信仰全盛時期(西元10~12世紀)共約80尊型態各異的大將軍神像。順著小小的神社繞一圈，只見境內老樹參天，氣氛安靜，沒什麼觀光氣息。

◉ 妖怪大街

info 大將軍八神社前商店街➜時間：自由參觀➜價格：自由參觀

神社前的商店街又被稱作妖怪大街，因為據考證，這條名叫一条通的路，就是平安時代「百鬼夜行」時，百鬼們走的那條路，沿路的商家也放了不少百鬼夜行登場的小妖怪們在自家店門口，十分有趣。

🍴 上七軒ビアガーデン

info 京都市上京區今出川通七本松西入真盛町742上七軒歌舞練場➜電話：075-461-0148➜時間：7/1~9/5 17:30~22:00(L.O.21:30)➜休日：盂蘭盆節➜價格：入場基本消費含飲料一杯和小菜二盤￥2000，每加點小菜1道￥1000➜網址：www.maiko3.com

每年夏天7月至9月初，京都五花街之一的上七軒會特別將其歌舞練場的前院開放為啤酒花園，裡面提供啤酒、飲料與各式下酒菜，每天還會有5名舞妓或藝妓們穿著夏日浴衣輪流與遊客聊天同樂。

CRICKET

info 京都市北區平野八丁柳町68-1サニーハイム金閣寺1F➔電話：075-461-3000➔時間：10:00~18:00➔休日：12/31、週二不定休➔價格：クリケットゼリー（招牌果凍）¥800➔網址：www.cricket-jelly.com/

創業於1974年的CRICKET是一間專賣世界進口水國的水國店，除了各種水果禮盒外，店內還設置了小小的喫茶區域，提供了用葡萄柚、檸檬等柑橘所製成的各種果凍。清香甘甜的柑橘水果製成的果凍嚐來入口即化，吞下後香氣在口中久久無法散去。

たわらや

info 京都市上京區御前通今小路下ル馬喰町918➔電話：075-463-4974➔時間：11:00~16:00(L.O.15:30)➔休日：不定休➔價格：たわらやうどん（招牌烏龍麵）¥760

北野天滿宮前有棟400年歷史的京都町家建築，烏龍麵老舖たわらや便以此為據點，使用嚴選食材熬煮湯頭，最出名的就是粗達1公分的超長烏龍麵，長長的就這一根，配上清爽的特製湯頭和薑泥，口感十足，滋味非常特別。

CAFE FROSCH

info 京都市上京區七本松通り五辻上ル東柳町557-7➔電話：075-200-3900➔時間：9:00~17:00➔休日：週四、第2個週五（週假日或25日順延翌日休）➔價格：麵パンランチ（午間麵包餐）¥1180➔網址：www.cafe-frosch.com

CAFE FROSCH前身為西陣織屋的町家，如今掛上了德文「Frosch」的招牌，以超人氣的手工發酵麵包與貝果，成為社區居民們讚不絕口的「巷仔內美食」。最受歡迎的三明治，是以自家製土司夾入淋上橄欖油的現烤京蔬菜，口感紮實、麥香十足。

P.127 嵐山／竹林の道

P.130 貴船鞍馬／貴船 ひろ文

P.135 宇治田園町／正壽院

近郊 公車旅行

平安貴族山光水色

嵐山

相傳嵐山是日本平安時代王公貴族最愛遊覽的觀光地，嵯峨野則林立著許多寺院和從前貴族的離宮，春天來臨時，天龍寺境內與渡月橋兩岸的櫻花群相開放，櫻雪瀰漫間更有種空靈的美感；春秋兩季的觀光人潮更是將嵐山擠得水洩不通。嵐山由於腹地範圍廣大，漫步須耗費一定的時間和體力，想要盡覽名所古寺，建議利用公車、人力車或以腳踏車代步。

怎麼到

從京都駅前搭乘市巴士28號，約43分至嵐山、嵐山天龍寺前巴士站下車即達。從四条河原町巴士站搭乘市巴士11號、京都巴士62、63、66號公車皆可達嵐山巴士站，約45分。

最方便的是從京都駅搭乘JR西日本山陰本線(嵯峨野線)，約15分即達JR嵯峨嵐山駅。若搭乘阪急電鐵則要到桂駅轉乘嵐山線，至阪急嵐山駅下即達。從四条大宮可以搭乘京福電氣鐵道(嵐電)至嵐電嵐山駅下車。

嵯峨野小火車

info 京都市右京區嵯峨天龍寺車道町➡電話：075-861-7444➡時間：トロッコ嵯峨駅出發10:02~16:02之間每小時一班，一天約8班，依季節另有加開班次➡休日：週三不定休(詳見官網)➡價格：起站「トロッコ嵯峨」~終點站「亀岡」，單程12歲以上￥880，6~12歲￥440➡網址：www.sagano-kanko.co.jp

　造型復古的蒸汽小火車「嵯峨野號」沿著保津川，奔行於龜岡到嵐山間，全程約25分鐘。搭乘者可以用絕佳的角度，欣賞保津峽的山水景色；途中列車還會特別減速，讓乘客飽覽周圍風景。每到春櫻和秋楓時節，小火車上還可以欣賞沿途兩岸特別美麗的山景。

嵐山溫泉 駅の足湯

info 嵐電嵐山駅月台➡電話：075-873-2121➡時間：9:00~20:00(冬季至18:00)，售票至關門前30分鐘➡價格：￥200(附毛巾)➡注意：出示嵐電1日券享折扣價￥150(附毛巾)

　全日本相當少見的月台足湯在嵐電嵐山就可親身體驗，可以對神經痛、肌肉酸痛、慢性消化器官與恢復疲勞具有功效的嵐山溫泉被引入月台，旅客們可以脫下鞋襪在此泡個足湯，建議泡個10分鐘以上，讓腳泡得暖呼呼。

渡月橋

info 京都市右京區嵯峨➡電話：嵐山保勝會075-861-0012

　渡月橋幾乎可說是嵐山的地標，由於昔日龜山天皇看見明月當空，一時興起命名，目前的風貌是1934年以鋼鐵重建的，構造與舊橋相同，以春天櫻花或秋日紅葉作為前景拍攝渡月橋，已經成為嵐山的景觀代表之一。

天龍寺

卍

info 京都市右京區嵯峨天龍寺芒／馬場町68➡電話：075-881-1235➡時間：庭院8:30~17:00(售票至至16:50)；諸堂(大方丈・書院・多宝殿)8:30~16:45(售票至16:30)；法堂「雲龍図」特別公開1/29~7/18、8/6~8/16、9/10~12/4 9:00~16:30(售票至16:20)，其他時間僅週六日例假日開放➡休日：法堂1/1~1/2➡價格：庭園(曹源池・百花苑)高中生以上￥500，國中小學生￥300，未就學兒童免費；諸堂(大方丈・書院・多宝殿)￥300(需先付庭院參拜費才能參拜諸堂)；法堂「雲龍図」￥500，未就學兒童免費➡網址：www.tenryuji.com

天龍寺建於1339年，據說是因為一位和尚在夢中看見一條飛龍從附近的江中騰空飛起而取名，境內因此隨處可見龍的造型。天龍寺的法堂內供奉釋迦、文殊、普賢等尊相，最特別的是天花板上有幅難得一見的雲龍圖，是在1997年記念夢窗疏石圓寂650周年時請來畫家加山又造所創作，十分輝煌且壯觀。

包括總門、參道、白壁、本堂大殿，曹源池庭園、坐禪堂等建築，除了曹源池庭園屬早期建築外，其餘諸堂都是明治以後重建的。曹源池庭園是夢 疏石所作的一座池泉回遊式庭園，裡頭以白砂、綠松，配上沙洲式的水灘，借景後方的遠山、溪谷，設計的構想據說來自鯉魚躍龍門。在京都五山裡天龍寺排名第一，是造訪嵐山必遊的著名景點。

天龍寺 篩月

卍

info 天龍寺境內➡電話：075-882-9725➡時間：11:00~14:00➡價格：雪(一湯五菜)￥3300、月(一湯六菜)￥5500，花(一湯七菜)￥8000➡注意：需支付庭院參拜費才能入內用餐；月(一湯六菜)、花(一湯七菜)2人以上需一日前預約

篩月的精進料理食材，大部分都來自天龍寺內裡種植的蔬果，自給自足簡樸不浪費。精進料本身依照古訓製作，除了「雪」以外的精進料理都必須先以電話預約，寺方才能依照預定的份量製作料理，而不會浪費。

竹林の道

info 天龍寺北側的道到野宮神社周邊

由野宮神社通往大河內山莊的路段，是條美麗的竹林隧道。夏日涼風習習，翠綠的竹蔭帶來輕快的涼意；冬天則有雪白新雪映襯著竹子鮮綠，別有一番意境。這片竹林也是特別有嵐山氣氛的風景之一。

野宮神社

info 京都市右京區嵯峨野宮町1➡電話：075-871-1972➡時間：9:00~17:00➡價格：自由參拜➡網址：www.nonomiya.com

以黑木鳥居聞名的野宮神社，據信是源氏物語中六條御息所之女要前往擔任齋宮時途中的住所。與伊勢神宮相同，都是供奉天照大神，今日以金榜題名與締結良緣著稱，吸引眾多學生與年輕女性，可說是嵯峨野香火最盛的神社。

大河內山莊

info 京都市右京區嵯峨小倉山田淵山町8➡電話：075-872-2233➡時間：9:00~17:00➡價格：高中大學生￥1000，國中小學生￥500(入園附抹茶)

大河內山莊是日本昭和初期知名的演員「大河內傳次郎」花了三十餘年所興建的私人宅邸，沿著山腹建造的庭園四季皆有不同風情。秋天時這裡紅葉遍谷，登高還能眺望比叡山與京都市區，風景十分秀麗。逛完庭園，還可以至茶屋享用正統抹茶。

琴きき茶屋

info 京都市右京區嵯峨天龍寺芒／馬場町1→電話：075-861-0184→時間：10:00~17:00→休日：週三、四→網址：www.kotokikichaya.co.jp

渡月橋畔的琴きき茶屋有著大大的紅色燈籠，十分醒目。琴きき茶屋在江戶時代時就在櫻花名所車折神社內開業，昭和時代則遷至嵐山，歷史悠久的招牌美味就是櫻餅。以道明寺麻糬包住紅豆餡再以醃漬過的櫻花葉捲起，十分適合配上抹茶享用。

老松 嵐山店

info 京都市右京區嵯峨天龍寺芒／馬場町20→電話：075-881-9033→時間：賣店10:00~17:00，茶房10:30~16:30(L.O.16:00)→價格：本わらび餅(蕨餅)￥1320、晚柑糖￥715→網址：www.oimatu.co.jp

老松在室町時代就已是獻貢給宮廷的御用和菓子老舖，夏天的「夏柑糖」十分有名，其在新鮮柑橘裡填入寒天，充滿酸甜的香氣，是每年夏天都會大排長龍的人氣限定品，夏天來到嵐山一定要品嚐這季節限定的美味。

eX café京都嵐山本店

info 京都市右京區嵯峨天龍寺造路町35-3→電話：075-882-6366→時間：10:00~18:00(L.O.17:30)→價格：お団子セット(烤糰子套餐)￥1540→網址：www.facebook.com/excafe.official

稍稍遠離嵐山車來人往的大街，在天龍寺入口對面小巷子裡，低調隱藏著一間咖啡廳，暖簾如同高級料亭般飄揚著，穿過大門入內，彷彿進到古民家般，極上的和風空間令人感到沉穩。來到eX café，千萬不能錯過的還有話題的竹炭蛋糕捲，不只能在店內享用，還可以當作伴手禮買回家。

山靈水秀洛北名勝

貴船鞍馬

在 京都旅遊區來説，洛北顯得格外的青山
綠水，尤其是貴船一帶，由於地勢高又
有溪谷，夏天時氣溫比京都市區低個10度，
是避暑第一選擇。京都洛北的鞍馬、貴船一
帶位居山林之間，因為森林茂密、交通不便，
自古就被視為神秘之地，有著不少神怪、天
狗傳説。

麼到

 從叡山電車貴船口駅搭京都巴士33系統即
達貴船巴士站。或從地下鐵国際会館駅搭京
都巴士5號至貴船口巴士站，再轉京都巴士33系
統即達貴船巴士站。

至出町柳駅搭乘叡山電車鞍馬線至貴船口
駅下車，再轉乘京都巴士33號至貴船巴士
站即達熱鬧區域。或是從貴船口駅步行約30分即
達。若搭乘叡山電車鞍馬線至鞍馬駅下車即達鞍
馬寺。

貴船神社

info 京都市左京區鞍馬貴船町180➜電話：
075-741-2016➜時間：6:00~20:00，12~4月至.
18:00(1/1~1/3至20:00)；授与所9:00~17:00；點
燈期間參拜時間延長(詳見官網)➜價格：自由參
拜➜網址：kifunejinja.jp

穿過貴船神社最著名的紅色鳥居後，石塊
堆疊的參道兩旁，一枝枝朱紅色的燈籠成
排並列，深深淺淺的紅葉掩映著社殿，十
分寧靜清幽。貴船神社包括本殿、拜殿、權
殿、末社、奧宮等，周圍紅葉遍布，每年秋季
的11月初還會舉行又叫做「御火焚祭」的紅
葉祭。另外，因為貴船神社奉祀京都人最崇
敬的水神，每年7月7日這裡舉行的「貴船水
祭」，都有許多從事和水有關的行業，例如：
造酒業、料理店、和菓子屋等前來參加。

貴船 ひろ文

info 京都市左京區鞍馬貴船町87➔電話：075-741-2147➔時間：11:00～14:30、17:00～21:30(L.O.21:00)，流水素麵只在5-10月中旬11:00～15:00供應，川床料理5-10月下旬供應➔休日：12/30～1/1、不定休➔價格：一泊二食，二人一室每人￥363000起，流しそうめん(流水素麵)￥1500➔網址：hirobun.co.jp➔注意：流水素麵當日10點前為雨天則中止

直接面對著貴船神社的旅館，客房下方就是清涼的貴船川，依隨四季變化的京料理也相當風雅。每年5~10月也會推出「川床料理」，讓人可以在溪面上露天享受河中鮮味，最有夏日風情的燒烤香魚，盛裝於冰涼器皿中的季節蔬菜，盡情體驗在溪流上竹蓆用餐的樂趣。

右源太

info 京都府京都市左京區鞍馬貴船町76➔電話：075-741-2146➔價格：依季節不同，一泊二食，二人一室每人￥54000起，只限電話預約➔址：www.ugenta.co.jp➔注意：可預約叡山電鐵「貴船口」接送

右源太的住宿僅有兩室，依據內裝分為室、洋室，在旅遊旺季時要搶到房間預約太容易。室內的裝設已輕柔原木色為主，片的觀景窗讓日光充滿室內，坐著即可欣山景風光。為了體貼旅客們都能感受到川料理特有的風味，右源太也將川床料理價格分成多個階段，可吃巧也可豐盛。

貴船倶楽部

info 京都市左京區鞍馬貴船町76➔電話：075-741-3039➔時間：11:00～18:00➔網址：www.ugenta.co.jp/kifuneclub.html

由貴船的川床料理名店左源太右源太經營的咖啡廳，一整面的開放觀景窗可以眺覽貴船的自然景觀，是休憩好場所。店內提供抹茶拿鐵或是咖啡等飲品，可以搭配抹茶聖代或是蕨餅來個風雅下午茶。

木之根道

info 京都市左京區鞍馬貴船町➡時間：自由入山
➡價格：愛山費(含鞍馬寺)￥300

鞍馬寺後山的木之根道連接鞍馬與貴船，長2.5公里，有豐富的自然生態以及數十間小寺廟、戰國武將源義經的遺跡等，其中一段，大量的樹根突起，也是這段路叫「木之根道」的名稱由來。山裡的氣氛十分悠靜，走完全程大約是一個半小時。不管從鞍馬或是從貴船走都有高有低，還是得靠你的體力。

渡辺木の芽煮本

info 京都市左京區鞍馬本町248➡電話：075-741-2025➡時間：9:00~16:00➡休日：不定休➡價格：木の芽煮120g￥760➡網址：www.kinomeni.jp

鞍馬有一種叫做「木之芽煮」的特有食物，是用切碎的山椒葉和昆布、醬油一同熬煮而成，據說牛若丸(源義經的幼名)當時在這裡修行時以此為食，現在已經是鞍馬寺門前名物。

鞍馬寺

info 京都市左京區鞍馬本町1074➡電話：075-741-2003➡時間：9:00~16:15，靈寶殿(鞍馬山博物館)至16:00➡休日：靈寶殿(鞍馬山博物館)週一(遇假日順延翌日休)、12/12~2月底休➡價格：愛山費￥300 (包含木之根道)；靈寶殿(鞍馬山博物館)￥200➡網址：www.kuramadera.or.jp/

鞍馬寺山門前是一條長長的石階參道，春天有櫻花迎風飛舞，秋天則出現層層疊疊的紅葉，境內包含轉法輪堂、寢殿、本殿、童形六体地藏尊和一座育兒園。本殿內的靈寶殿，收藏許多佛教美術品與名歌人與謝野晶子遺物、鞍馬山動植物標本等。

紅 葉 青 苔 名 庭 古 剎

東福寺

東福寺距離京都車站雖僅僅5分鐘車程，但較少有人造訪，主要因為這一帶是住宅區。但其實東福寺周邊有好幾處精采旅遊景點，比如有著京都數一數二的紅葉名所泉涌寺、再往南一點還能到伏見稻荷大社等，十分精彩。最推薦在秋紅時造訪，不過此時人潮極多，要有心理準備。

怎麼到

🚌 前往東福寺、泉涌寺皆可搭乘市巴士202、207、208至東福寺、泉涌寺道巴士站下車；若由京都車站出發於「D2」乘車處乘車。

🚃 搭乘京阪電車本線至京阪東福寺駅下車，或是JR奈良線至JR東福寺駅下車。JR東福寺與京阪東福寺駅相連，要到東福寺的話從此站出來向南東徒步約10分鐘即可達。

卍

東福寺

info 京都市東山區本町15-778➔電話：075-561-0087➔時間：4~10月9:00~16:00(16:30關門)，11~12月第1個週日前8:30~16:00(16:30關門)，12月第1個週日~3月底9:00~15:30(16:00關門)➔價格：本坊庭園成人￥500、國中小學生￥300；通天橋・開山堂成人￥600，國中小學生￥300；本坊庭園・通天橋・開山堂成人￥1000，國中小學生￥500➔網址：tofukuji.jp/

耗費19年建成的東福寺，列名京都五山之一，[[日]]本兼學天台、真言和禪等宗派，多次經火燒後，現在則屬禪寺，為臨濟宗東福寺派的大本山。論京都紅葉，東福寺排名在清水寺之前，尤其是通往開山堂的通天橋和洗玉澗，數千株的楓樹，火紅遮天。東福寺方丈內苑東西南北各有巧妙不同的庭園配置，稱為八相庭，是重森三玲在1938年的作品，是近代禪宗庭園的代表作。

泉涌寺

info 京都市東山區泉涌寺山内町27➡電話：
075-561-1551➡時間：9:00~16:30(17:00關門)，
12~2月至16:00(16:30關門)➡休日：心照殿(寶物
館)第4個週一➡價格：成人￥500、國中小學生
￥300；特別拜觀國中生以上￥300➡網址：
www.mitera.org

　　泉涌寺由弘法大師空海一手創建，京都人
習慣稱呼其為「御寺」(みでら)，但更讓人好
奇的是這兒是楊貴妃的觀音廟，面積雖不
大，但楊貴妃是美的象徵，女性拜觀者必定
先來參拜祈求美貌。

毘沙門堂 勝林寺

info 京都市東山區本町15-795➡電話：
075-561-4311➡時間：10:00~16:00，坐禪體驗
12:30，週日11:30，週六時間非固定(詳見官網)；
另有春秋季特別拜觀與夜間拜觀(詳見官網)➡價
格：一般拜觀成人￥800，高國中小學生￥500；
新春特別拜觀成人￥700(秋季特別拜觀￥600)，
國高中生￥300，小學生以下免費；；坐禪體驗成
人￥1000，高中生￥800，國中生￥700，小學生
￥600，抹茶＋干菓子￥600，抹茶＋生菓子
￥800➡網址：shourin-ji.org➡備註：毘沙門堂
禁止攝影拍照；坐禪體驗需以電話、網站或
email預約(抹茶與茶點最慢於前一日預約)，8人
以上可在一般體驗時間外另預約包場體驗

　　勝林寺是臨濟宗東福寺的塔頭之一，供
奉的主佛毘沙門天王像傳自平安時代，保
右財運、勝利與驅除惡運。在勝林寺，每
天都有坐禪和寫經寫佛體驗，另外還有坐
禪結合瑜珈、早粥、煎茶道或夜間坐禪等
特殊體驗。固定舉辦的坐禪體驗，不論初
學者、小學生都可以參加，針對外國觀光
客則會附上英文說明，相當容易親近。

雲龍院

info 京都市東山區泉涌寺山内町36➡電話：
075-541-3916➡時間：9:00~17:00(售票至16:30)➡休
日：1月成人日、2/18、4/27、6/27、9月中、12/23➡價
格：￥400➡網址：www.unryuin.jp

　　位在泉涌寺境內南方高地的雲龍院，是泉涌
寺的別院，由後光嚴天皇發願建造而成。從此
以後，雲龍院便與日本皇室有著深厚關係，後
小松天皇(一休和尚的父親)也在這裡皈依佛
門。秋天時，從悟りの窓看出去的紅葉與窗框
形成一幅美麗的畫，美不勝收。

造 訪 京 都 茶 的 故 鄉

宇治田園町

從鎌倉時代起便是日本茶葉栽培生產地的京都南部一帶，被稱為南山城地區，這裡遍植茶葉，八百年的日本茶發展歷史，不但培育出高品質的宇治茶，日本遺產也以這裡為主題『日本茶800年の歷史散步』將南山城八個區域列入其中。宇治田園町是日本綠茶起源、茶神的出生地，這裡的湯屋谷有著綿延的茶田區、茶問屋與茶農家，適合規劃散步路線。

怎麼到

從京都駅搭乘JR奈良線至宇治駅，或從京都駅搭乘近鉄京都線至新田辺駅，都要再轉搭京都巴士至工業團地口、維中前巴士站下車，需要徒步約30分才可至各景點。

若剛好遇到週末、例假日的話，可以搭乘宇治田園觀光周遊巴士，免費運行在維中前巴士站至永谷宗円生家、猿丸神社、正寿院等觀光景點間，一天約5班車，詳洽www.town.ujitawara.kyoto.jp。

正寿院

info 京都府綴喜郡宇治田原町奥山田川上149→
電話：0774-88-3601→時間：9:00~16:30，12~3
月10:00~16:00，售票至閉門前15分→休日：4月
第3個週日、8/17→價格：￥600(附和菓子)，風鈴
祭、特別夜間拜觀￥800(附和菓子)→網址：
shoujuin.boo.jp

寺院裡雖然有著鎌倉時代快慶所雕的
「不動明王坐像」坐鎮，但更多人是來這裡
安靜享受風吹動風鈴的涼意，尤其每年夏
季集結全國各式風鈴，景象優美，清脆鈴聲
讓人暑意全消；而豬目窗外的景致變化，四
季皆美；躺在榻榻米上欣賞客殿天井美麗
的160幅畫作，更令人陶醉。

猿丸神社

info 京都府綴喜郡宇治田原町禪定寺粽谷44→
電話：0774-88-3782(日)、0774-88-2362(夜)→
時間：7:00~16:00→價格：自由參拜→網址：
www.sarumarujinja.jp/

這個小小的神社，祭祀的是傳說中身分充滿謎團的平安時代歌人猿丸大夫。據說他是平安時代藤原家族的36歌仙之一，至今他最為人知的一首歌謠，就放在傳統遊戲花牌中的第五首，描述著秋天。但來這裡祭拜的人卻不是來求文采精進，反而是乞求身體健康，尤其是消除身體的不良腫瘤，甚至很多病癒的人還呈上樹瘤，形成殿前奇特景象。

永谷宗円生家

info 京都府綴喜郡宇治田原町湯屋谷空廣→時間：週六日例假日10:00~17:00→休日：週一~五→價格：維護管理費￥100→網址：ujitawara-kyoto.com/sightseeing/scenery/nagatanisouenseika/

江戶中期，研究並開發出「青製煎茶製法」，奠定今日日本綠茶製作基準的茶人便是永谷宗円。在永谷之前，日本的綠茶製作技術其實相當粗糙並不講究，永谷為了做出好茶，在這裡日夜研究，終於發展出一套技術，更不藏私廣佈製作方法，成就今天日本綠茶風貌。這個老式屋敷於昭和年代在原址重建，但保留當時珍貴的焙炉，為日本綠茶留下歷史見證。

秋紅夏綠楓葉國度

高雄

高尾楓在晚秋染紅了京都諸山，和北山杉的綠形成強烈對比，豔麗得猶如藝妓撐著的風流傘；最完美的京之紅葉絕對在洛北的高雄山一帶。位於京都西北方山野的高雄，以清幽的山林風景和秋天的楓紅聞名。原本幽靜的各山寺觀光客爆增，飽滿的山色，秋紅翠綠，絕對賞心悅目，開闊的天地，絕對是在京都市區享受不到的。

怎麼到

JR巴士高雄・京北線是連接京都市與京北最方便的大眾交通運輸，總站由京都駅中央口前的巴士總站發車，可再分為三條路線，差只差在京都市內的行經路線不同，高雄、周山等目的地是不變的，

若是在京都駅以外的站牌搭車，則要注意班次的不同。京都→高雄，約1小時，￥230。
要到高山寺在栂ノ尾巴士站下車，要到西明寺在槇ノ尾巴士站下車，要到神護寺在山城高雄巴士站下車。

高山寺

info 京都市右京區梅ヶ畑栂尾町8➔電話：075-861-4204➔時間：8:30~17:00➔價格：自由參拜，紅葉期間入山費￥500；石水院國中生以上￥800，小學生￥400➔網址：www.kosanji.com/

高山寺建於寶龜5年(774)，建成後卻荒廢四百多年，直到鎌倉時代的建永元年(1206)，明惠上人在此宣講真言宗法道而再興。周圍被一片高大挺拔的杉林和楓樹所環抱，境內有處古老的茶園，因陽光充足且排水優良適合茶樹生長，連帶使得茶道漸漸普及，成為日本深度文化的一部份，是日本茶的起源地之一。

西明寺

info 京都市右京區梅ケ畑槇尾町1➡電話：075-861-1770➡時間：9:00~17:00➡價格：成人￥500，國高中生￥400，小學生以下免費➡網址：www.saimyoji.or.jp/

於天長年間(824~834)由空海和尚的弟子智泉所開創的西明寺，也被稱為平等心王院。現在的寺院於西元1700年重建而成，佛像、歷史文化遺跡甚多，寺內還有一尊造於平安時代的千手觀音像，也被指定為重要文化財。

高雄茶屋

info 京都市右京區梅ケ畑高雄 神護寺門前➡電話：075-872-3810➡時間：9:00~17:00➡價格：お抹茶お菓子付き(抹茶附和菓子)￥600

位在通往神護寺必經路徑的階梯旁，高雄茶屋是參拜者中途休憩的好去所。廚房立在一側，搭幾個簡單的棚子，擺上桌椅在大自然中休息吃飯。秋天時在紅葉林中撐開紅傘，就這麼坐在樹下吃著糰子，十分愜意。

神護寺

info 京都市右京區梅ケ畑高雄町5➡電話：075-861-1769➡時間：9:00~16:00➡價格：國中生以上￥600，小學生￥300，另有特別拜觀(詳見官網)➡網址：www.jingoji.or.jp

神護寺是京都有名的賞紅葉山寺，空海(弘法大師)就在此弘法，同時也是日本平安時代佛教的起源地，所以在日本佛教界地位崇高。登上五大堂前左側石階是金堂，也是境內的最高點。金堂後方，位於更高的山徑上的多寶塔，隱身在綠葉紅木間，彷若水墨畫。

北山杉環繞心之故里

周山

位在京都市北邊，由北山杉圍繞住的小山里，有著與古都市街迥然不同的風情。京北地區近來多了點藝文氣氛，除了富有傳統的造酒工廠，自20多年前便吹起移住風潮，許多工藝家搬來這裡，築起工房、改造老房舍，融入在地，在山林自然的洗禮下享受生活，為創作帶來全新的生命。

らふ工房360
カフェギャラリー YU
宝泉寺
五右衛門
黑尾山
白岩山
黑尾山
Farm Stay Banja
陶窯京の実

怎麼到

JR巴士高雄・京北線是連接京都市與京北最方便的大眾交通運輸，總站由京都駅發車，可再分為三條路線，差只差在京都市內的行經路線不同，高雄、周山等目的地是不變的，若是在京都駅以外的站牌搭車，則要注意班次的不同。要到京北在終點站周山巴士站下車。京都→周山1小時又40分鐘，￥1080。

京北ふるさとバス
這是運行在京北地區的巴士，為了推廣民眾少開車、多搭大眾運輸而設，路線有六條，以周山為中心點向外幅射。不過由於班次並不多，若要搭乘巴士遊玩京北的話，最好上官網下載時刻表，每日運行的班次也不定，需要費心比對。
網址：fuw.jp/furusatobus

常照皇寺

info 京都市右京區京北井戸町丸山14-6➔電話：075-853-0003➔時間：9:00~16:00➔價格：志納￥500

　　常照皇寺於貞治1年(1362)由光嚴天皇建造，數任天皇在此皈依。進入方丈，可以感受歷史在這裡刻出的許多痕跡，殿內的木造阿弥陀如来像以及兩旁的侍像，被列入重要文化財。據說開山當時，光嚴天皇親手種下枝垂櫻，至今樹齡6百多年，被稱為九重櫻，已被例入國家天然紀念物。

京蕪庵

info 京都市右京區京北下中町町田15-2→電話：075-854-0300→時間：11:00~15:00(L.O.14:30)，17:00~20:00(L.O.)，晚餐時段需預約→休日：週二、週一晚上休→價格：天重とそば(炸天婦羅蕎麥麵)￥1730→網址：keihoku-m.com/

京北地區的好山好水，使這裡種植的蕎麥品質佳，製成的蕎麥麵更是絕品。位在道路旁的京蕪庵無時無刻不是高朋滿座，原因就在京蕪庵那微白細緻的蕎麥麵；剛入口的蕎麥麵Q彈有嚼勁，愈嚼口中愈是蕎麥的香氣。而坐在店加搭起的蓬舍中，望向一旁的蕎麥田更顯風雅。

羽田酒造

info 京都市右京區京北周山町下台20→電話：075-852-0080→時間：10:00~16:00(試飲至15:30)→休日：週三、夏季、年末年始→價格：3種酒試飲￥500：初日の出プレミアム大吟醸 720ml ￥8800→網址：www.hanedashuzo.co.jp

創業已經超過百年的羽田酒造是周山地區著名的老牌酒廠，以京都軟水與自己種植的米釀成富有地方特色的「初日の出」，一推出便打響名號，現在在京都市內的各大百貨、料亭內都品嚐得到這種酒的美味。

Farm Stay Banja

info 京都市右京區京北下熊田町杉ノ谷31→電話：090-8932-8269→網址：www.banja-kyoto.com/rooms-1→註：在周山附近民宿主人可接送，需預約

20多年前民宿主人田中先生與太太一同移住京北，看中的便是這悠閒的生活氣氛與寧靜的生活空間。在猶如童話故事中的山里中，早期人們並無姓名，而是以屋號來互相稱呼；Banja便是這幢古民宅的屋號，也在這一方天地中，藉由農業體驗、陶藝體驗，加深人與人之間的交流。

古 寺 散 落 田 園 風 景 間

大原

—— 進大原，就能見到翠綠田園與清淺小溪交織而成的清新風光。大原素以涼爽氣候以及秋季時分的滿山紅葉著稱，除了有三千院、寂光院等紅葉名寺，還有舒適的溫泉民宿或旅館可供宿泊。近年來觀光參業興盛，許多工藝小店、富日本風情的旅宿也應運而行，十分適合來這裡度過悠閒時光，體驗純正的日式風情。

怎麼到

從京都駅C3乘車處搭乘京都巴士17、18，或由京都地下鐵國際會館駅前3號乘車處搭乘京都巴士19往大原方向，於大原巴士站下車，即可徒步至各大景點。單程￥560，約1小時。

若想繼續在京都郊區遊玩，大原距離鞍馬、貴船（請見P.129）並不遠，可搭乘京都巴士55號至貴船口或鞍馬巴士站下車，至貴船口單程￥390，約23分。

寂光院

info 京都市左京區大原草生町676➡電話：075-744-3341➡時間：9:00~17:00，12月/1/4~2/28至16:30，1/1~1/3 10:00~16:00➡價格：高中生以上￥600，國中生￥350，小學生￥100➡網址：www.jakkoin.jp

寂光院為聖德太子弔祀父親用明天皇所建，包括山門、本堂和書院，構造十分簡樸，古老的庵舍上長滿植樹苔蘚。寂光院本堂以奉祀本尊的地藏菩薩立像為主，境內植有許多楓樹，每年秋天楓葉轉紅之際，是景色最美的時刻。

三千院

info 京都市左京區大原来迎院町540➡電話：075-744-2531➡時間：9:00~17:00，11~2月至16:30，11月8:30~17:00➡價格：成人￥700，國高中生￥400，小學生￥150➡網址：www.sanzenin.or.jp

三千院是大原地區最優美的古寺，同時也是櫻花和紅葉名所。三千院的佛殿供奉著三尊佛陀，中間是阿彌陀佛，右邊是救世觀世音，左邊是不動明王，還有佛陀普渡眾生到極樂世界的繪畫。此外，三尊佛陀連席而坐的阿彌陀如來連坐像，背後有巨大如船體的光芒，非常壯觀。

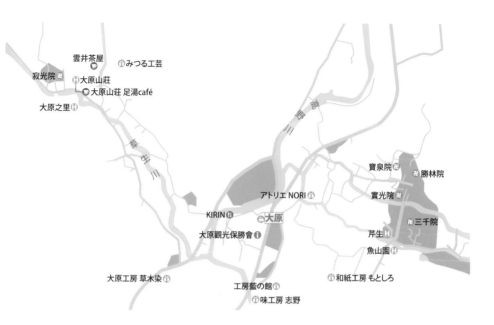

雲井茶屋　◎みつる工芸
寂光院卍　Ⓗ大原山莊
　　　└◎大原山莊 足湯café
大原之里Ⓗ
草生川
高野川
寶泉院卍　卍勝林院
アトリエ NORI Ⓘ　實光院卍
KIRIN Ⓘ　卍三千院
◎大原
大原觀光保勝會Ⓘ　芹生Ⓗ
魚山園Ⓗ
大原工房 草木染 Ⓘ　Ⓘ和紙工房 もとしろ
工房藍の館 Ⓘ
味工房 志野 Ⓘ

工房 藍の館

Ⓘinfo 京都市左京區大原大長瀬町276➜電話：
075-744-2404➜時間：10:00~15:00➜休日：不
定休、年末年始➜價格：藍染體驗(2小時，需預
約)手帕￥2000、T恤￥6000起➜網址：
aizomeya.com➜注意：由於職人並非專營體驗
課程，若想體驗則需配合職人的時間

　原本創業於京都西陣的藍の館於平成5年
移居至離三千院稍遠的高地上，藍染職人
堅持使用由灰汁發酵的天然藍染原料，染
好的布會與本地設計師合作，裁成一件件
美麗的衣裳，在工房中也有一些衣服、布包
可供選購。

雲井茶屋

Ⓘinfo 京都市左京區大原草生町41➜電話：
075-744-2240➜時間：9:00~16:30(L.O.)➜休
日：週二➜價格：味噌鍋￥2200

　由味噌老舖「味噌庵」所開設的雲井茶屋
以味噌為主調，讓遊客能輕鬆品嚐山里味
噌的美味。其中「白味噌冰淇淋」以自豪的
白辛口味噌加上產自阿蘇的牛奶製成，香
濃中帶有一股淡淡的豆香，正餐像是味噌火
鍋、親子丼飯等，也十分美味。

隱 世 獨 立 的 自 然 原 鄉

美山町茅屋之里

美山町「北」地區為茅草屋保存區，集中有38棟茅草屋，每一棟都是百年以上的老屋，裡面還保存著傳統的圍爐裏。美山村最美的時刻為四月上旬櫻花盛開和楓紅季節，融合了大自然的田園風光讓所有遊客都能感受到日本原鄉之美。來這裡逛逛，最吸引人的就是純樸的鄉間風景和小小的藝廊及民宿，晚間可以找間民宿借住在茅草屋裡，感受日本鄉村濃濃的人情味。

怎麼到

🚌　從京都駅前搭乘JR巴士高雄・京北線，到周山巴士站下車後轉搭開往和泉的南丹市營巴士至宮脇巴士站，再轉乘開往知見口的南丹市營巴士，在北巴士站下車即達。

搭乘JR山陰本線至園部駅、日吉駅下車，轉搭往知見口、美山町自然文化村方向的南丹市營巴士，在北巴士站下車即達。園部駅至北巴士站單程￥900。日吉駅到北巴士站單程￥600。

從園部駅、日吉駅、和知駅都可搭乘前往美山町的南丹市巴士，班次不多。可在巴士上跟司機購買南丹市營巴士的1日乘車券，價格為￥1200，1日乘車券可在公車上直接向司機購買，使用時只要在下車時向司機出示票券即可。

●⊕普明寺
●鎌倉神社
Café美卵 ●
稲荷神社 ●久や🅗
●ちいさな藍美術館
美山民俗資料館 ●
またべ● ●彩花　知井八幡神社 ●
●美山かやぶきの里
🅟北🅟
●きたむら

ちいさな藍美術館

🅘Info 京都府南丹市美山町北上牧41➔電話：0771-77-0746➔時間：10:00~17:00➔休日：四、五、12/1~3/31➔價格：￥300➔網址：shindo-shindigo.com/museum/

　ちいさな藍美術館的主人是深受美山風景吸引而搬遷來的藍染作家新道弘之，這裡除了是作家個人的專屬藝廊也是工作室，可親眼看到如何以純天然染料完成一件件精緻藍染藝術，喜歡的話也可以選購各種小巧精緻的藍染工藝品帶回家做紀念。

美山民俗資料館

info 京都府南丹市美山町北中牧4➜電話：
0771-77-0587➜時間：9:00~17:00，12~3月
10:00~16:00➜休日：年末年始、盂蘭盆節(約
8/10~8/17)、12~3月週一➜價格：高中生以上
¥300，國中生以下免費➜網址：miyamanavi.
com/sightseeing/Miyama-Folk-Museum

曾經遭逢祝融之災的美山民俗資料館重
建於平成14年(2002)，由老舊建材重新再
利用所建成的房舍展示著北山型的茅葺式
民家的母屋(起居室)、納屋(收納室)、蔵(倉
庫)，重現了200年前的樣貌。而在各個房間
內也展示了富有歷史文化意義的農用品，讓
人能夠感受到美山地區豐厚的農耕文化。

Cafe ギャラリー 彩花

info 京都府南丹市美山町北揚石21-1 かやぶきの
里 北村 かやぶき交流館➜電話：0771-77-
9038➜時間：11:00~17:00(L.O.16:30)，冬季只於
週三、六日、例假日營業➜休日：不定休➜價格：
きび工房のお団子セット(團子套餐)¥600

就開設在かやぶき交流館裡的彩花，是一
間結合藝廊與喫茶的小咖啡廳，古老的茅
葺地板架高，鋪設上榻榻米營造出山里人
家的悠閒氣氛，很適合點杯飲品，坐在廊下
感受美山的輕鬆氣息。

久屋

info 京都府南丹市美山町北中牧5➜電話：
0771-77-0550➜時間：check in 15:00，check
out 10:00➜價格：一泊二食，二人一室每人
¥15000➜網址：www.cans.zaq.ne.jp/
fualj407/

夜晚投宿在茅草屋的民宿久屋中，感受
到的不僅只是美山的日本原鄉之美，更有
民宿主人的熱情。為了讓住客們充分體會
美山的氣息，一天只接待三組客人，晚餐是
自家養的雞肉壽喜燒，搭配上直送的美山
米，有的只是住客們的交談和此起彼落的
歡笑聲。

海灣舟屋人文情調

伊根

伊根舟屋風情引人入勝，舟屋是日本難得的水邊船屋，二層樓的木造房屋就沿著海灣而建，二樓就是住家，一樓是漁民停泊船隻的倉庫，平時要出海就直接從舟屋的一樓出船就行了，也因此造就了獨特的生活文化。這裡還保留著遺世獨立的傳統村落氣氛：唯一一條街道、整齊的日式木造建築、牽著腳踏車閒聊的當地婆婆以及美麗無匹的海景，讓許多外國遊客不辭辛勞地特意走訪，只為感受靜謐淳樸的小鎮時光。

怎麼到

🚌 從京都駅有直通伊根的高速巴士。在京都駅前的C2乘車處，可以搭乘丹後海陸交通巴士天橋立・伊根ライナー，一天只有一班次，8:10發車，車程約2小時50分，單程￥3200。回程從伊根則是15:36發車。

從京都駅前的C2乘車處搭乘丹後海陸交通巴士京都線至天橋立，一天5班次，7:20、9:00、12:55、14:20、18:20，車程約2小時，單程￥3000。或是搭乘JR特急はしだて號到了天橋立駅，再轉搭丹後海陸交通巴士至伊根，約50分，￥400。

從天橋立前往伊根，最常被利用的大眾交通就是丹後海陸交通巴士〈伊根線、蒲入線、経ヶ岬線〉，詳細時刻、票價可以查詢官網：www.tankai.jp

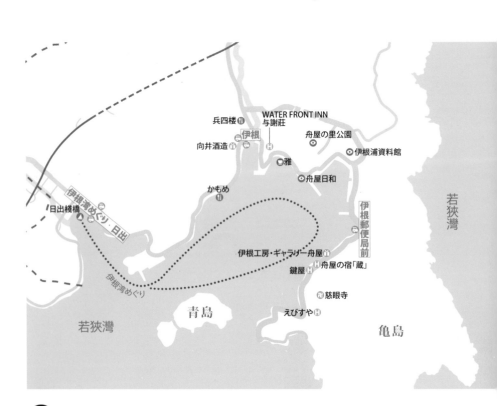

道の駅・舟屋之里公園

info 京都府与謝郡伊根町字亀島459➔電話：
0772-32-0680➔時間：9:00~17:00(依店舖而異)

　　舟屋之里公園是個道路休息站，這裡不但有觀光案內所、土特產店、知名的餐廳，更特別的是其居高臨下的地理位置，可以遠眺伊根灣舟屋美景，若是開車前來伊根，千萬不能錯過這裡。而有名的餐廳油屋便位在此處，吸引眾多饕客前來一嚐美味，每到用餐時間可是人山人海。

伊根灣めぐり

info 京都府与謝郡伊根町字日出11➔電話：日出
棧橋乘船場 0772-32-0009➔時間：
9:00~16:00，每小時的整點與30發船，周遊一
圈約25分鐘➔價格：國中生以上￥1000，6~12歲
￥500➔網址：www.inewan.com/#kankousen

　　想要從海上欣賞舟屋之美，建議可以搭船巡遊伊根灣。搭乘伊根灣遊覽船一次約30分鐘，船會繞行伊根灣一舟，可以看到整個伊根的舟屋風景，接近成排舟屋時還會稍停讓遊客拍照。不只如此，沿岸風景優美，飛翔在船尾的海鷗搶食遊客手上的飼料，也是另一種風趣。

向井酒造

info 京都府与謝郡伊根町平田67➔電話：0772-32-
0003➔時間：9:00~12:00，13:00~17:00➔價格：
伊根滿開720ml￥2090➔網址：kuramoto-mukai.
jp/

　　向井酒造創業於1754年，是伊根的老牌酒藏。使用古代米的原創酒「伊根滿開」因為創新的想法與美味的成果，釀造出向井酒造的再高峰。這由難得一見的女性「杜氏」所創造出的獨特酒品，口感溫潤令人不敢相信杯中那酸甜猶如果實酒的竟是清酒的一種。

寂靜三社秘境
鷹峰

鷹峯坐落京都洛北地區丘陵，平時觀光客不多，紅葉時期正是旺季，想要賞楓，不妨避開左京人潮，轉往幽僻的洛北鷹峯地區，探訪隱逸山林之中的靜好秋色。漫步紅葉並木山道，往鷹峯三山拜訪以紅葉馳名的祕境山寺，閒處一山幽寂，觀照靜省，盡享秋日意境。

怎麼到

從京都駅並沒有直達鷹峰的公車，基本上從市內要前往鷹峰，還是得利用電車+公車、或是公車+公車的方式，一定都要轉車。

最方便是從二条駅東口搭乘市巴士6號在鷹峰源光庵前巴士站下車即達。地下鐵北大路駅巴士中心E乘車處搭乘搭乘北1系統，在鷹峰源光庵前巴士站下車即達。若是搭公車，可至四条大宮轉搭搭市巴士6號在鷹峰源光庵前巴士站下車即達。

源光庵
info 京都市北區鷹峯北鷹峯町47➡時間：9:00~17:00➡價格：￥400

源光庵至今已有六百餘年歷史，原為臨濟宗大師開創，後來在17世紀改由曹洞宗大師住持，成為曹洞宗名剎至今。祭祀著釋迦牟尼佛的本堂有兩扇大窗，一是丸型的「頓悟之窗」(悟りの窗)，是表達「禪與圓通」之意，二是四角型的「迷惘之窗」(迷いの窗)，代表著人生生老病死等四苦八苦。

常照寺
info 京都市北區鷹峯北鷹峯町1➔時間：
8:30~17:00➔價格：￥300

本阿彌光悅之子光嵯篤信佛教，發願於光悅村建寺，請來日蓮宗日乾上人開山，供奉《妙法蓮華經》，寺號「久遠」，為常照寺前身。入口的山門被稱為吉野的赤門，此外還有茶室的吉野窗、院內的吉野櫻也都十分出名。

 光悅寺
info 京都市北區鷹峯光悅町29➔時間：
8:00~17:00➔價格：￥300

光悅寺是過去本阿彌光悅的居所，本阿彌光悅死後，光悅寺成為日蓮寺光悅寺至今，但本阿彌光悅所造的庭園及茶屋依然還在。本阿彌光悅不但精通茶道，也影響著日本茶道的發展，光悅寺中就有大虛庵茶庭、三巴亭、了寂軒等七座茶庭，本堂的竹架迴廊望進本阿彌鐘愛的庭院，就像一幅格放的美麗浮世繪。

 光悅茶家
info 京都市北區鷹峯光悅町46➔時間：
11:00~16:00➔休日：週二➔價格：蕎麥麵￥650起

光悅蕎麥麵聞名的光悅茶家，每天早上現做的蕎麥麵充滿新鮮香氣，特別的是沾醬的佐料藥味不放蔥薑，而是奉上蘿蔔泥，品嚐得到土地的鮮甜滋味。引進附近的和菓子屋之作的季節性和菓子也十分美味，夏天配上加入檸檬片的抹茶最是清涼。

發現城市新魅力

① The Best Location

② Comfortably Designed Rooms

④ Go-KINJO Map

③ Local Guide Activities

⑤ OMO Base

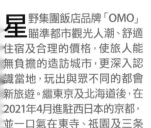

星野集團飯店品牌「OMO」瞄準都市觀光人潮、舒適住宿及合理的價格，使旅人能無負擔的造訪城市，更深入認識當地，玩出與眾不同的都會新旅遊。繼東京及北海道後，在2021年4月進駐西日本的京都，並一口氣在東寺、祇園及三条成立3間全新 OMO 飯店，融合當地的豐富人文，創造獨特的日本旅宿體驗。

① 地理位置

OMO選址都選在城市的觀光中心，方便的交通地理位置，熱鬧的街市與著名景點，藉由各種軟硬體的服務，讓遊客可以更輕鬆自在地探索城市的每一個角落。

② 內裝設計

針對不同客群設計不同房型，單人旅行或三五成群，都能在這空間找到最舒服的渡過方式。而裝潢更在小細節中融入當地特色，讓人一進入飯店就能感受在地文化。

③ 現地體驗

「OMO Ranger（周邊嚮導）」的導覽結合飯店周邊的地區特色，旅客可在此活動中體驗旅遊指南當中找不到的資訊，好好享受周邊地區的人文風情與歷史文化。

④ 私房景點

OMO的宗旨認為，飯店所屬的周圍區域也是飯店的一部分，因此提供許多周邊景點及店家的情報，滿足旅客對觀光、美食及購物等需求。

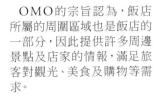

⑤ 公共空間

不只是住宿，開放式大廳休憩空間結合當地文化特色、咖啡飲食，其至是各式體驗活動，讓喜愛探索城市的旅人不必深入巷弄，就能體驗不同層次的都市魅力。

關於OMO數字的小秘密

數字代表的是飯店的類型，可以依自己的旅行目的來挑選最符合的OMO。

OMO 1：膠囊飯店 > 周邊嚮導 Go-KINJO Map & OMO Base

OMO 3：基本飯店 > Food & Drink Station 周邊嚮導 Go-KINJO Map & OMO Base

OMO 5：精品飯店 > Cafe / Breakfast 周邊嚮導 Go-KINJO Map & OMO Base

OMO 7：全方位服務飯店 > Cafe / Restaurant / Banquet 周邊嚮導 Go-KINJO Map & OMO Base

舒服日常的心靈洗禮

OMO3 京都東寺 by 星野集團

來到京都，想要遠離觀光人潮，讓心靈稍事休息，最推薦來到寺廟中度過被佛像療癒的時刻。東寺為平安京第一座寺廟，在優美的寺境內散散步、進入大殿與佛祖進行對話、看看描繪佛陀世界的曼陀羅，回到OMO，更可以寫經、抄經台的沙子上寫字，感受這跨越時空並帶來心靈平靜的城市綠洲。

Comfortably Designed Rooms

OMO Base

沉穩空間

房型有：**雙床房、單人房、高級雙床房等**

配合1200年歷史的東寺街區，以沉穩色調帶入自然光線營造出來的清新明亮感，讓人感受輕鬆氛圍。在特別室中還能從窗外遙望東寺五重塔，沉浸在古都風情之中。

曼荼羅藝術

時間：**24小時自由參觀**

結合木造的沉穩內裝，以東寺21尊佛像組成的「曼荼羅藝術」充滿禪意與佛像元素，藉由佛教的世界觀讓人遠離日常並度過心靈平靜的片刻，離密教的世界更近一點。

順遊景點

東寺

Add_京都市南區九条町1 **Time_**5:00~17:00，金堂、講堂8:00~17:00(入堂至16:30)
Price_金堂、講堂成人￥500 **Web_** toji.or.jp/

東寺的正式名稱為教王護國寺，建於平安京遷都時期(延曆13年，794年)，除了有鎮守京城的意義外，更有鎮護東國（關東地區）的目的，在平安朝歷史上備受尊崇。創建時期的建築毀於多次戰亂烽火，現在能看到的主要建築群是距今約500年前的江戶初期，按照奈良時代的伽藍堂宇所重建。話雖如此，東寺仍藏有眾多國寶及重要文獻，可說是日本密教美術的寶庫，於西元1994年被登錄為世界遺產。

OMO3 京都東寺 by 星野集團

Acc_ JR京都駅八条口步行約13分、近鐵東寺駅步行約2分　Add_
京都市南區西九条藏王町11-6　Time_ Check In 15:00～，Check
Out ～11:00　Price_ 1間1晚：￥10000起 (不含餐食)　Web_
hoshinoresorts.com/zh_tw/hotels/omo3kyototoji/

Food & Drink
Station

Local Guide
Activities

OMO Base

24小時餐飲小站

抄經桌 / 枯山水

時間：24小時自由參觀

　大面沙海就舖設在桌面，
一旁立有毛筆可供在沙上作
畫寫字。也可發揮創意用扒
子、小花、石頭來製作自己的
「枯山水畫」，將禪意濃縮於
這一方天地之中。

時間：24小時 注意：需自助結帳
　共有80種以上的食品，結
合京都名物，以自助方式挑
選食物飲料後再自助結帳。
以無人商店的模式 24 小時
營業，針對自己作息與行程，
在喜歡的時段挑選您喜愛的
餐飲，隨性但不隨便地度過
住宿時光。

東寺曼荼羅散步

時間：9:00，約90分鐘。須預約
價格：免費

　由「OMO Ranger（周邊
嚮導）」帶領，一探平安京唯
一留下的遺跡東寺，感受這
個閑靜的區域隨處都有歷史
氣息。沿路還會介紹深受當
地民眾喜愛的歷史老舖等，
帶你來場時空旅行。

東寺餅

Add_京都市南區東寺東門
前町88 **Tel**_075-671-7639
Time_7:00~17:00 **Price**_東寺餅
￥140

被譽為東寺寺前名物的東寺餅，
創立於大正元年，至今已有百年
以上歷史。樸實無華的外表、柔
軟細緻的紅豆沙內餡，嚐起來是
最純粹的麻糬滋味。

喫茶Cizool

Add_京都市南區西九条川原城町5
Tel_075-286-7940 **Time**_9:00～
15:00，週日休 **Price**_拿破里義大利
麵套餐￥1280

東寺附近的小咖啡廳，最推薦來
這裡享用午膳，人氣第1名的拿
破里義大利麵酸甜鹹香，配上大
量配菜，讓人一口接一口停不下
來。

居遊祇園繁華街

OMO5 京都祇園 by 星野集團

被優雅華麗氣氛包圍的祇園一帶，無論清水寺、高台寺、知恩院等著名觀光景點皆可步行到達。可以鎖定老店、走進巷子享受茶點時光，或是參加導覽，在無人的清晨散步祇園巷弄，一窺平常不得見的祇園日常生活。「在祇園生活」，好好感受心動時刻的京都時光吧。

Comfortably Designed Rooms

OMO Base

花街意像

房型有：**茶之間雙床房（附廚房）、坐敷雙床房等**

　隱身在祇園鬧街中的公寓裡，客室以「祇園居」為主軸，結合榻榻米、京都格子、燈籠、茶屋的風格設計，並有附設廚房，讓人自由自在享受停留在京都的每一天。

伊呂波茶屋

時間：**24小時自由參觀**

　猶如走進茶屋般讓人放鬆的公共空間，一旁牆上展示著祇園歲時行事的相關物品，藉由眼見、手碰，深入學習祇園的生活與文化吧。

順遊景點

原了郭

Add_京都市東山區祇園町北側267　**Tel**_ 075-561-2732
Time_10:00~18:00　**Price**_黑七味 四角 ¥1210

以黑七味聞名的原了郭，於元禄16年創業，產品一直都是以人工製作，而且製作過程也需要依天氣、季節有所調節，充滿職人堅持。

OMO5 京都祇園 by 星野集團

Acc_ 京阪祇園四条駅7出口步行約5分、阪急河原町駅1A、1B出口步行約8分　Add_ 京都市東山區四條通大和大路東入祇園町北側288　Time_ **Check In 15:00～**，**Check Out ～11:00**　Price_ 1間1晚：¥24000起 (不含餐食)　Web_ hoshinoresorts.com/zh_tw/hotels/omo5kyotogion/

Food

Food

Local Guide Activities

外送料理文化

時間：指定時間，最慢要在三天前預約　價格：依餐點付費

祇園傳統的外送習慣，在這裡也能感受得到。與附近老舖聯手，將料亭美味直接送進房間，像是鳥久市的水炊雞、いづ重的姿壽司等，三五好友直接在房間就能享用京都的好滋味。

早餐麵包自己做

時間：自由使用，訂房時選擇早餐方案　價格：¥1000

睡前按下麵包機的開關，隔天早起散步後回到房間，房裡都飄散著芬芳香氣。配上多種手工抹醬與茶飲，將現烤麵包大口塞入，快樂的一天就從美味麵包開始。

清晨的祇園散步

時間：6:30，約60分鐘。須預約　價格：免費

少有人煙的早晨，在「OMO Ranger (周邊嚮導)」的帶領下逛逛京風情的花見小路及寧寧之道，最後到八坂神社參拜。沿途告訴你許多觀光客不會知道的小知識，回飯店後再享用「御香煎」。

石塀小路

Add_京都市東山區下河原町　Time_自由參觀　Note_請勿大聲喧嘩

頗有風情的石塀小路可由寧寧之道走入。這段小路清幽無人，隱身其中的小店則非常有安靜氣氛，漫步其中可以感覺京都時特有的閑靜魅力。

COFFEE Cattleya

Add_京都市東山區祇園町北側284　Tel_ 075-708-8670　Time_10:00～22:00，週三休　Price_咖啡¥550

店主人自己有所堅持，使用的咖啡豆是按自己的喜好請人烘焙、調配。所在地原本是八坂神社的腹地，留有神社的水井，以御神水沖泡咖啡滋味迷人。

散步於川畔職人町中

OMO5 京都三條 by 星野集團

京都的老舖精華都集中在三条通一帶，不但可在復古風格的建築內找到時尚咖啡店，開在京都町家建築內的小店更是怎麼逛都逛不膩。來到商店街的盡頭便是三条大橋與高瀨川沿岸的散步道，順著帶來涼爽氣息的柳樹前行，還能遇見許多訴歷史史蹟。

©星野集團

Comfortably
Designed Rooms

OMO Base

和洋並存的簡約時尚

房型有：**雙床房、雙人房、高級客房等**

就如同三条一帶洋館林立，房內以架高的木床與貼磚的衛浴空間為兩大區域，溫潤的木質調與大片窗戶帶來的明亮廣闊，舒適氛圍最是能夠療癒旅途疲累。

高瀨川文化意象

時間：**24小時自由參觀**

船隻穿梭於高瀨川之上，而河岸上更有柳葉輕擺，早期的三条是個相當愜意的區域。在開放空間中重現了這樣的景象，飯店玄關口即是把城市與旅人連結起來的旅行據點。

內藤商店

Add_ 京都市中京區中島町112 **Tel_** 075-221-3018 **Time_** 9:30～19:00 **Price_** 棕刷¥500起

位在鴨川三条大橋旁已有2百年以上歷史的刷具店，堅持手作的職人精神，將刷具當成工藝品般製作，由於植物纖維耐用且又有風格，是京都人日常愛用的生活道具。

OMO5 京都三條 by 星野集團

Acc_ 地下鐵京都市役所前駅3出口步行約2分、京阪三条京阪駅7出口步行約5分、阪急河原町駅3出口步行約7分　Add_ 京都市中京區河原町通三条上る恵比須町434-1　Time_ Check In 15:00～，Check Out ～11:00　Price_ 1間1晚：￥15000起 (不含餐食)　Web_ hoshinoresorts.com/zh_tw/hotels/omo5kyotosanjo/

Local Guide Activities

Local Guide Activities

OMO Café

精緻早餐

時間：7:00～10:00 價格：￥1600

　早餐推薦享用以生豆皮及漬物製成的獨家燉飯，是道相當適合京都早晨的料理。可自五種燉飯或吐司披薩中挑選一份主菜，沙拉吧、湯品、優格、飲料都可無限續盤！

喫茶講座

時間：20:00，約60分鐘。須預約
價格：￥200

　京都人除了麵包吃得多，咖啡的消費人口也是日本第一。三条一帶喫茶店林立，借用高瀨舟之桌一隅，由「OMO Ranger（周邊嚮導）」的解說了解京都的喫茶文化，還能享用一杯現沖的SMART咖啡。

高瀨川爛漫散步

時間：16:30，約60分鐘。須預約
價格：免費

　這條已退役近百年的運河建造於400年前，串聯京都至伏見，將南部甚至大阪一帶物資運送至此。如今運河不再是板舟滿載貨物風景，而是垂柳與櫻花名所，跟著「OMO Ranger（周邊嚮導）」的腳步，帶你一同認識沿途不少的店舖與史蹟立碑。

三条本家 みすや針

Add_ 京都市中京區三条通河原町西入石橋町26　Tel_ 075-221-2825　Time_ 10:30～18:00，週四休　Web_ misuyabari.com

藏身在大樓裡的美麗小庭院，裡頭的小屋展示著正是職人手工製作的「縫紉針」。已有四百多年歷史的老舖，商品多元且高貴不貴，一定會找到想要的針。

石黑香舖

Add_ 京都市中京區三条通柳馬場西入桝屋町72　Tel_ 075-221-1781　Time_ 10:00～18:00，週三休　Price_ 香包￥300起

創業於1855年，石黑香舖以「香袋」為主題，結合京都職人巧心，提供眾多可愛商品可選擇。只要幾百元日幣就能手作香包，帶回京都專屬的香味。

京都旅遊季節曆

月份	一月	二月	三月	四月	五月
祭典	**1~4日 初詣（新年參拜）** 市內各神社 **4日 蹴鞠始め** 下鴨神社	**2~4日 節分祭** 吉田神社 **25日 梅花祭** 北野天滿宮	**3日 流し雛** 下鴨神社	**10日 櫻花祭** 平野神社 **10日 やすらい祭** 今宮神社	**15日 葵祭** 下鴨神社、 上賀茂神社
最佳賞花時間			**三月** 梅花 **三月下旬** 桃花	**四月上旬** 櫻花	**五月上旬** 杜鵑
活動、市集	**21日 初弘法** 東寺 **25日 初天神** 北野天滿宮		**中旬 東山花燈路** 清水寺~青蓮院	**1~30日 都をどり（都舞）** 祇園甲部歌舞練場 **4月上旬某5天** 京都御所春天 特別公開	**五月~九月** **鴨川川床** 二条~五条 鴨川畔

六月	七月	八月	九月	十月	十一月	十二月
1日 貴船祭 貴船神社 **下旬 夏越祓** 市內各神社	**1~31日** **祇園祭** 八坂神社和鄰 近市區	**16日** **五山送火** 京都市內五山 週邊	**9日 烏相撲** 上賀茂神社 **25~27日** **觀月之夕** 大覺寺	**1~5日** **ずいき祭** 北野天滿宮 **22日 時代祭** 平安神宮 **22日 鞍馬火祭** 鞍馬寺	**第2個週日** **嵐山紅葉祭** 渡月橋一帶	**白朮詣** 八坂神社
六月上旬 花菖蒲 **六月下旬** 繡球			**九月下旬** 萩	**十月** 芒草	**十一月下旬~** **十二月上旬** 紅葉	**十二月** 山茶
	中旬 下鴨納涼 **古本市** 下鴨神社		**1~10日** **祇園をどり** **（祇園舞）** 祇園會館			**中旬** **京都嵐山花燈路** 嵐山 **25日 終天神** 北野天滿宮

實用資訊快速導覽

關於京都

簽證規定：90天內免簽
時差：比台灣快一小時
電源：100伏特、雙平腳插座（與台灣相同）
小費：不用（購物已內含8%消費稅）
日出時間：夏天約5:00，冬天約6:40
日落時間：夏天約19:00，冬天約17:00
營業時間：商店約10:00~19:00，寺院景點約9:00~17:00，冬天會再提早關門
平均氣溫：1月5度，4月14度，8月27度，11月12度。夏天由於地處盆地，氣溫不高依然相當悶熱，冬天市區偶有降雪。
郵政：寄明信片回台灣郵資為￥70，郵票可在郵局或便利商店購得。

旅外緊急狀況聯絡

臺北駐大阪經濟文化處
大阪市西區土佐堀1-4-8 日榮Building4F／急難救助專線：090-8794-4568、090-2706-8277

實用網站

查詢天氣
Yahoo!Japan 天氣預報 weather.yahoo.co.jp
查詢觀光資訊
京都觀光navi kanko.city.kyoto.lg.jp（日文）／kyoto.travel/tw（繁中）
查詢景點間的交通方式
巴士、鐵道的達人 www.arukumachikyoto.jp
巴士交通相關網站
1.京都市交通局（可以查詢所有市巴士的班次、停靠站和時間）www.city.kyoto.lg.jp/kotsu
2.京都巴士www.kyotobus.jp
找餐廳評價
tabelog tabelog.com/tw（繁中）
找餐廳、景點或住宿評價
tripadviser www.tripadvisor.com.tw

如何前往京都

從台灣到關西機場

前往京都，最方便的是從位於大阪的關西機場（關西國際空港KIX）進入，目前桃園、高雄都有固定的直飛班次，其中也不乏廉價航空。

從關西機場往京都市區

從關西機場前往京都，有兩個選擇：一是JR特急Haruka，另一個是利木津巴士。

特急Haruka
特急はるか

要從關西機場進入京都市區，第一推薦的就是JR的特急Haruka。不但速度快，而且一班車就能直達京都車站。

特急 Haruka	目的地	時間	票價
	京都	約1小時15分	￥3630

利木津巴士

利木津巴士以關西機場為中心，行駛於關西各大區域之中。雖然路線眾多，但在關西機場1F入境大廳出來，各路線的月台劃分得相當清楚，是不想轉車、提行李上下月台樓梯的人，不易搞錯又能快速抵達京都的好選擇。不過，利木津巴士抵達京都時，是在京都車站的八條口下車，這裡離京都車站新幹線口約2分鐘、離京都車站約5分鐘路程，還是得提行李走上一小段路才能抵達目的地。

利木津巴士	乘車處	目的地	需要時間	票價
	8號	京都駅八条口	約1小時25分	￥2600

最新退稅手續
無紙大進化

2020年4月，新的退稅手續又有大進化，主要是將退稅紙本電子化，無紙環保更輕鬆，以往不論在哪買退稅商品，最後會拿到一疊厚厚的退稅單據，然後釘在你的護照上，回國時才由海關取走，而最新規範則將不會再有這些複雜單據，所有購物紀錄都會被以數據方式上傳，在辦理離境手續時，只要一刷護照，海關就可以從電腦上來確認你的免稅購物明細了。（因為是漸進式推行的退稅系統，也有可能遇到還尚未系統電子化的商家，仍維持傳統紙本方式退稅）

退稅計算門檻

日本2019年10月再將消費稅一口氣提到10%後，等於買¥1,000就得多付¥100元稅金，唯有搞懂退稅，才能買得開心又划算。以往退稅制度將商品分為「一般品」、「消耗品」，同一天在同一間店、購買同一種類商品達¥5,000以上方可享受退稅。2018年7月以後，不分一般品、消耗品，只要同一天在同一間店裡，未稅前合併消費達¥5,000以上、¥50萬以下，就可以享受退稅。

退稅品不可在日本境內拆封使用

為防止退稅過後的物品在日本被打開，退稅品會裝入專用袋或箱子中，直到出境後才能打開。若是在日本就打開，出境時會被追加回稅金，需特別注意。但如果為了達退稅門檻，而與消耗品合併並計算，就會被一起封裝，這時一般也不能在日本拆開使用。

消耗品(需封裝，不可在日本使用)	食品、飲料、化妝品、藥品、菸酒等
一般品(不封裝，可在日本使用)	百貨服飾、家電用品等

液體要放託運

原則上所有免稅商品都需要在出境時帶在身邊讓海關檢查，但如果買了酒、飲料等液態食品，或是化妝水、乳液等保養品不能帶入機艙，必需要放入託運行李中時，可在結帳退稅時請店員分開包裝，但切記裝入行李箱時一樣不可打開包裝袋或箱子，以免稅金被追討。

認明退稅標章「Tax-Free」

可退稅的店家會張貼退稅標章，若不確定可口頭詢問是否有退稅服務。付款時務必出示護照一起辦理付款&退稅。

🌐 www.japan.travel/tw/plan/

退稅流程

❶ 可退稅商店內選購商品。

❷ 同一日同間商店購買a)消耗品 + b)一般品達¥5,000以上。

❸ 結帳時表示欲享免稅，並出示護照。短期停留的觀光客才享有退稅資格。

❹ 結帳時，由店員刷護照條碼紀錄，免稅單不再印出，資料雲端電子化。

❺ 回國出境，日本海關只需刷護照條碼，便能知道你有無免稅品消費紀錄。

❻ 原則免稅品上應於出境時隨身攜帶以利海關檢查，若有液體則需託運。

國家圖書館出版品預行編目資料

京都公車小旅行 /墨刻編輯部 作 -- 初版. -- 臺北市：
墨刻出版股份有限公司出版：英屬蓋曼群島商家庭傳
媒股份有限公司城邦分公司發行, 2023.7
160面 ;14.8×21公分. -- (Theme ; 53)
ISBN 978-986-289-895-6 (平裝)

1.旅遊 2.公車 3.日本京都市
731.75219   112010150

THEME 53

京都公車小旅行

作者
墨刻編輯部

攝影
墨刻攝影組

主編
呂宛霖

美術設計
羅婕云・許靜萍 (特約)

封面設計
羅婕云

地圖繪製
墨刻編輯部・羅婕云

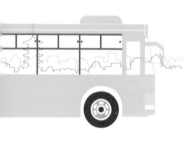

執行長
何飛鵬

生活旅遊事業總經理暨墨刻出版社長
李淑霞

總編輯
汪雨菁

行銷經理
呂妙君

行銷專員
許立心

出版公司
墨刻出版股份有限公司
地址：台北市104民生東路二段141號9樓
電話：886-2-2500-7008　傳真：886-2-2500-7796
E-mail：mook_service@cph.com.tw
讀者服務：readerservice@cph.com.tw
墨刻網址：www.mook.com.tw

發行公司
英屬蓋曼群島商家庭傳媒股份有限公司城邦分公司
地址：台北市104民生東路二段141號2樓
電話：886-2-2500-7718　886-2-2500-7719
傳真：886-2-2500-1990　886-2-2500-1991
城邦讀書花園：www.cite.com.tw
劃撥：19863813
戶名：書虫股份有限公司

香港發行所
城邦(香港)出版集團有限公司
地址：香港灣仔駱克道193號東超商業中心1樓
電話：852-2508-6231
傳真：852-2578-9337

馬新發行所
城邦(馬新)出版集團 Cite (M) Sdn Bhd
地址：41, Jalan Radin Anum, Bandar Baru Sri Petalin g,
57000 Kuala Lumpur, Malaysia.
電話：(603)90563833 ／傳真：(603)90576622 ／
E-mail：services@cite.my

製版・印刷
藝樺設計有限公司・漾格科技股份有限公司

經銷商
誠品股份有限公司・聯合發行股份有限公司
金世盟實業股份有限公司

城邦書號
KX0053

定價
380元

ISBN
978-986-289-895-6、978-986-289-896-3 (EPUB)
2023年7月初版